AF405090

LES DERNIERS-ÉTATS

DE LA

PROVINCE DE NORMANDIE

Quel que soit l'intérêt que nous prenions à tout ce qui concerne la liberté politique, je doute fort qu'il nous fût possible de parcourir, sans ennui, la longue suite de nos États provinciaux pendant les XVᵉ, XVIᵉ et XVIIᵉ siècles. En retracer l'histoire serait, d'ailleurs, un travail trop considérable pour mes forces, et je dois avouer que je suis loin d'en avoir rassemblé les matériaux, bien que je m'en occupe depuis plusieurs années.

Je n'aurai encore que trop sujet de craindre d'épuiser la patience de ceux qui liront ce mémoire, en me bornant à étudier spécialement et en détail quelques unes de ces assemblées. J'ai fait choix des dernières qui sont assez peu connues et sur lesquelles

1

j'ai pu me procurer quelques renseignements nouveaux et circonstanciés.

Lorsque Louis XIV monta sur le trône, il y avait
près de quatre ans que nos États n'avaient été convoqués. L'insurrection des *Nu-pieds*, le mécontentement
général qui avait donné lieu à ce mouvement séditieux,
avaient dû sembler des motifs parfaitement valables
pour suspendre ou pour abolir cette institution. C'était
une garantie telle quelle contre le pouvoir arbitraire.
Dans tous les temps et sous tous les règnes, les États
avaient régulièrement fourni, chaque année, l'occasion
d'émettre des vœux, toujours ardents, parfois exagé-
rés et irréalisables, pour le soulagement du peuple et
pour la diminution des impôts. Ils avaient, dans une
certaine mesure, empêché la puissance royale de
prescrire contre l'ancienne liberté de la province, et
sauvegardé le principe que les impositions ne sont
légitimes qu'autant qu'elles sont votées par les représentants du pays. Avec un homme du caractère de
Richelieu, qui avait besoin de sommes énormes et
d'une autorité absolue pour mener à fin ses grandes
entreprises, de telles conventions auraient eu peu de
chance de renaître et d'être reconnues pour une des
parties essentielles de ce que, plus tard, sous
Louis XVI, à la veille de la Révolution, l'avocat De
la Foy appelait la *Constitution Normande* (1).

Mais après la mort de ce redoutable ministre qui,
suivant l'expression du cardinal de Retz « des degrés
du trône foudroyoit plutôt qu'il ne gouvernoit les
humains », il y eut une sorte de détente dans l'adminis-

____

(1) V. son ouvrage : *de la Constitution du duché ou État souverain
de Normandie*, 1789.

tration du royaume. Bientôt on entrait, sous les plus favorables auspices, dans un nouveau règne, règne d'une femme et d'un enfant, où les grands que l'on avait voulu abattre redressèrent la tête, où tous commencèrent à respirer et à espérer. Les exploits de Condé protégeaient le berceau du Roi ; ils assuraient l'intégrité du royaume ; ils promettaient une paix prochaine et glorieuse. On allait donc, enfin, pouvoir s'occuper de soulager les misères du peuple, ces misères auxquelles Louis XIII, à ses derniers moments, se reprochait d'avoir été trop insensible (1). Anne d'Autriche, qui avait eu sa part de chagrins et de disgrâces, était naturellement portée, en faisant un retour sur elle même, à recevoir les plaintes qui lui venaient des diverses provinces, plaintes qui, maintenant, éclataient d'autant plus vivement qu'elles avaient été plus rigoureusement comprimées. C'était le temps où le duc de la Feuillade disait qu'il n'y avait plus que quatre petits mots dans la langue française : *La Reine est si bonne* (2).

Aussi ne fut-on pas surpris de voir que, sur la demande du duc de Longueville, la régente ne fît aucune difficulté de rendre à la Normandie l'usage de ses États particuliers. Comment leur tenir plus longtemps rigueur de leurs remontrances intempestives lorsque, même du vivant du feu Roi, le Parlement, la Chambre des comptes, la Cour des aides, le Bureau des finances

(1) *Histoire de Louis XIII*, par le père Griffet. On y voit rapportées les paroles de Louis XIII, au père Dinet, son confesseur. — V. aussi *Une vocation et une disgrâce à la Cour de Louis XIII*, du P. Ch. Daniel.

(2) Mémoires du Cardinal de Retz.

avaient obtenu leur pardon de la complicité ou de la faiblesse qu'on avait eu à leur reprocher dans les troubles de 1639 ?

L'époque de la réunion fut fixée au 18 novembre de l'année 1643 (1). Les lettres du Roi au gouverneur de Normandie portaient la date du 10 octobre ; les lettres du gouverneur aux gens du bailliage, celle du 17. Du 29 octobre au 3 novembre, les élections se firent à Pont-l'Évêque, à Pont-Audemer, à Pont-de-l'Arche, à Rouen, pour les vicomtés dont ces villes étaient les chefs-lieux. Les quatre députés du tiers état qui y furent nommés, se joignant à Rouen, dans une assemblée de ville, aux ecclésiastiques et nobles du bailliage et aux conseillers et officiers de l'hôtel-commun, nommèrent, avec eux, l'ecclésiastique et le noble du bailliage et deux conseillers échevins pris parmi les vingt-quatre du Conseil.

(1) C'était une époque un peu tardive. Aux États de décembre 1616, les députés de la Normandie avaient inséré dans leur cahier le vœu qui fut, plus d'une fois, renouvelé, d'obtenir une plus prompte convocation des États; « Qu'il plaise à votre Majesté ordonner que doresnavant les Estats de la province de Normandie se tiendront en la ville de Rouen au mois de septenbre afin que les députés puissent avoir la commodité et le temps de faire à votre dite Majesté leurs très humbles remontrances et avant que l'assiette des tailles soit donnée. »

C'est au mois de septembre que Hercule Grisel, dans ses *Fasti Rothomagenses* place la session régulière des États de Normandie :

Neustriacæ fiunt et nunc comitia terræ,
  Quin et ab imbre aliis mensibus esse solent.
Conveniunt proceres, Rector cum præside multo,
  Et lecti e triplici conditione viri.
Hi sua proponunt, illi regalia ; finem
  Quæris! Habent reges unde petantur opes.

Si l'on en juge par la séance de l'Hôtel-de-Ville, cette élection ne fut guère de nature à passionner la multitude. On est frappé du petit nombre de ceux qui y prirent part.

Voici, dans l'ordre qui leur fut assigné, ceux qui se présentèrent comme électeurs : le lieutenant général et le procureur du Roi du bailliage, les conseillers échevins en leur bureau, à leur place accoutumée ; le grand vicaire de l'archevêque sur un siége à part au bout du bureau ; les deux délégués du chapitre, aux deux premières places du banc des conseillers anciens ; les conseillers anciens, les pensionnaires et quarteniers en leurs bancs ordinaires ; les prieurs et les autres ecclésiastiques sur des *formes* (1) placées derrière le bureau vers la cheminée ; les nobles sur le banc des pensionnaires ; les députés des vicomtés sur une *forme* derrière les quarteniers. Les curés ou vicaires qui n'avaient pu trouver place derrière le bureau avaient été obligés de s'asseoir avec les bourgeois, sur des *formes* rangées transversalement au bout de la salle.

Gardons-nous de croire que cette disposition fût arbitraire : elle avait été arrêtée à la suite de longues contestations entre la ville et les privilégiés, et ce n'avait pas été sans peine que ceux-ci avaient dû céder le premier rang aux conseillers échevins. On comptait en tout, outre les membres du Conseil, sept prieurs, quatre-vingt-quatre curés, vingt-quatre nobles, et seize bourgeois. Il résulte de ces chiffres que la noblesse avait pris à cette élection moins d'in-

______

(1) Le mot *forme* signifie une sorte de banc.

2

térêt que le clergé ; il en résulte aussi que le nombre des bourgeois convoqués avait dû être fort restreint, eu égard à la population de la ville.

On recueillit les suffrages suivant l'ordre accoutumé en commençant par les gens du Roi du bailliage, par les conseillers échevins du bureau, par le grand vicaire. Vinrent ensuite les députés du chapitre, les conseillers anciens, le procureur syndic, les pensionnaires, les quarteniers, les ecclésiastiques, les nobles, les notables bourgeois et tout à la fin, les députés du tiers état des quatre vicomtés, auxquels il semblait qu'on eût dû faire plus d'honneur, puisque, seuls, dans cette assemblée, ils avaient un droit acquis de séance aux États.

Le vote se fit, sur l'appel du sergent, probablement sans bulletin de vote, et de vive voix, ce qui assurait un avantage marqué aux premiers votants, c'est-à-dire aux conseillers échevins. Ceux qui, portés sur la liste, avaient fait défaut furent condamnés à soixante sous d'amende.

Préalablement à l'appel, le sergent avait donné lecture des lettres du Roi au duc de Longueville, des lettres de celui-ci aux gens du bailliage, et des procurations des députés des quatre vicomtés.

On élut, pour l'église, Charles Dufour, curé de Saint-Maclou ; — pour la noblesse, Jean du Fay, comte de Maulévrier, bailli de Rouen ; — pour conseillers échevins, François de Brèvedent, sieur de Sahurs, et Thomas Auber, sieur de Heudebouville.

Dans les autres bailliages les choses se passèrent différemment. C'était devant le lieutenant général du bailli et non à l'Hôtel-de-Ville du chef-lieu que la no blesse et le clergé nommaient leurs députés, et ce n'avait pas été sans une extrême répugnance ni sans avoir longuement et vivement disputé que les ecclésiastiques et les nobles du bailliage de Rouen s'étaient vus obligés, par une exception assez singulière, de confondre leurs votes avec ceux d'une administration municipale (1576-1579) (1). Dans le bailliage de Caux, qui était fort étendu et qui avait pour capitale Caudebec, ville de peu d'importance et placée à l'extrémité de cette circonscription, les vicomtés alternaient entre elles pour l'élection du noble et de l'ecclésiastique. Par une autre singularité, le clergé de la ville de Rouen, pour l'élection de l'ecclésiastique, était exclusivement représenté par le grand vicaire de l'archevèque et par les deux délégués du chapitre (2); le clergé était censé ne faire qu'un corps avec la mère église. (3)

(1) Pendant longtemps ce fut également à l'Hôtel-de-Ville et dans la même assemblée qui nommait le noble et l'ecclésiastique qu'était désigné le délégué du tiers État de la vicomté de Rouen. Cet usage ne fut aboli que sous le règne de Henri III. A partir de 1571, les élections se firent à la cohue du bailliage et devant le lieutenant général du bailli.

(2) Les chanoines déléguaient à l'Hôtel-de-Ville ceux d'entre eux qui étaient inscrits sur la table *ad beneficia conferenda*. Cette désignation ne se faisait que lorsqu'ils avaient reçu notification de la réunion, en salle capitulaire, par le procureur syndic de la ville, et dans les derniers temps, par deux officiers de l'administration municipale.

(3) Il y eut des protestations contre cet usage. Le 15 novembre 1612, le curé de Saint-Patrice, parlant en son nom et en celui des autres curés de la ville, « représenta qu'ils n'étaient appelés en l'Hôtel-de-Ville pour y donner leurs suffrages comme les autres curés du bailliage, ce qu'ils requéroient leur être accordé, attendu qu'ils n'estoient de pire condition que les autres curés t qu'ils contribuoient aussi bien qu'eux à la subvention des

Celui des paroisses situées en dehors de la cité métropolitaine aurait donc eu la prépondérance dans l'élection, et cependant on voit que le député fut toujours choisi parmi les ecclésiastiques de Rouen et assez ordinairement parmi les chanoines.

Le lendemain de l'élection, il y eut dîner à l'Hôtel-de-Ville. On y invita MM. les députés de l'église et de la noblesse du bailliage et les députés des quatre vicomtés avec MM. le bailli, le lieutenant général, le premier avocat général du parlement, le premier avocat du Roi au bailliage, le procureur du Roi au même siége, les conseillers échevins en charge, les anciens conseillers et les quatre officiers de la ville.

A la suite du dîner, on s'assembla pour délibérer sur les remontrances qui seraient proposées aux États. La plupart des articles qui furent alors adoptés passèrent plus tard dans le cahier des États ; le procureur syndic de la province, Jacques Baudry, se contenta d'en modifier la rédaction.

Le soir eut lieu, dans la grande salle de l'archevêché, la cérémonie de l'ouverture des États en présence du duc de Longueville, gouverneur de la province ; de François de Harcourt, marquis de Beuvron, lieutenant général ; du sieur de la Vrillière,

États. » Cette réclamation fut combattue par le grand vicaire et par les chanoines. En même temps que les curés de Rouen insistaient pour être appelés à l'élection, ceux des paroisses extérieures, par l'organe du curé de Canteleu, demandaient à être dispensés d'y prendre part. On continua d'en exclure ceux qui y prétendaient, et d'y appeler, sous menace d'amende, ceux qui s'en défendaient, comme d'une occasion de fatigues et de dépenses.

conseiller du Roi en ses conseils, secrétaire des commandements de S. M. ayant le département des affaires de la province ; — du sieur du Houssay, intendant et contrôleur général des finances de S. M., ayant aussi le département des affaires de la province ; — de M. Faucon de Ris, premier président du parlement ; — des présidents de la même cour ; — de M. Colardin de Boisolivier, président de la Cour des aides ; — des intendants des trois généralités de Normandie ; — du procureur général du parlement et des receveurs généraux des généralités (1). Le greffier des commissaires, Guillaume Aubourg, donna lecture des lettres-patentes du Roi qui contenaient le détail de toutes les impositions qu'on demandait à la province ; après quoi, on entendit deux harangues, l'une, du premier président, homme disert, auquel quelques-uns ont voulu attribuer le mérite d'un opuscule célèbre de saint Evremont (2), l'autre, de M. Charles Dufour, curé de Saint-Maclou, député du clergé du bailliage de Rouen.

Ensuite, un autre greffier, le greffier particulier des États, Alain de la Londe, fit l'appel des députés, suivant l'ordre ancien des bailliages et des vicomtés : bailliage de Rouen, vicomtés de Rouen, de Pont-de-l'Arche, de Pont-Audemer et d'Auge ; bailliage de Caux, vicomtés de Caudebec, de Montivilliers, d'Arques, de Neufchâtel, de Gournay et la Ferté-en-

(1) Le rang assigné à ces fonctionnaires avait été matière à contestation, comme on le verra par le récit du président Bigot de Monville que nous donnerons à la suite de ce mémoire.

(2) *Entretien du Père Canaye avec le maréchal d'Hocquincourt.*

Bray ; bailliage de Caen, vicomtés de Caen, de Bayeux, de Falaise, de Vire ; bailliage du Cotentin, vicomtés de Coutances, de Saint-Lô, de Carentan, de Valognes, d'Avranches, de Mortain et châtellenie de Tinchebray ; bailliage d'Evreux, vicomtés d'Evreux, de Beaumont-le-Roger, de Conches et Breteuil, d'Orbec ; bailliage de Gisors, vicomtés de Gisors, de Vernon, châtellenie de Pontoise, prévôtés de Chaumont et Magny, vicomtés d'Andely et de Lyons ; bailliage d'Alençon, vicomtés d'Alençon, d'Argentan, de Domfront, de Verneuil, du Perche et châtellenie de Nogent-le-Rotrou.

On remarquera que les limites de la Normandie, en tant que circonscription financière ou politique, ne concordaient pas exactement avec celles de la même province, envisagée comme circonscription judiciaire. Ainsi, la ville et la châtellenie de Pontoise, les prévôtés de Chaumont et de Magny, que nous venons de citer comme députant aux États de Normandie, faisaient partie du gouvernement de l'Ile-de-France et étaient comprises dans le ressort du parlement de Paris. La vicomté du Perche et la châtellenie de Nogent-le-Rotrou étaient également en dehors de notre province, et pourtant elles étaient représentées aux États de Normandie.

En somme, le nombre des députés était d'une cinquantaine. Il n'y eut à faire défaut que celui de la vicomté du Perche et de Nogent-le-Rotrou.

A la cérémonie de l'ouverture, ils avaient été rangés par ordres : clergé, noblesse, tiers état. Lorsque le gouverneur de la province et les autres commissaires se furent retirés, et après que l'appel eût été fait, ils s'assemblèrent par bailliages, tout en conservant, dans chaque baillage, la distinction des ordres. Leur premier acte fut le choix d'un président. A la majorité des voix, on nomma à cette fonction messire Louis de Roncherolles, doyen de Notre-Dame d'Écouis, représentant du clergé du bailliage de Gisors, personnage distingué par son talent et par son caractère et qui devint plus tard archidiacre du Vexin normand et vicaire général de Mgr de Harlay. M. de Roncherolles prit possession du fauteuil et fit immédiatement prêter à tous les députés un serment qui nous paraîtra bien étrange avec nos habitudes parlementaires, le serment de tenir secret tout ce qui serait résolu et arrêté. Cette formalité remplie, la séance fut levée après que le président en eût indiqué une autre pour le même jour à quatre heures du soir.

Dans cette seconde séance, on aborda la délibération des articles qu'il convenait d'insérer dans le cahier. Il y en eut qui furent proposés d'un *avis uniforme*, d'autres qui le furent au nom d'un ordre, d'un bailliage, ou même d'une ville en particulier. Le greffier enregistra confusément les remontrances faites sous ces différentes formes. La même confusion se retrouve dans le cahier général et est ainsi justifiée dans le préambule :

« Il est difficile, dans la confusion en laquelle les désordres du temps nous ont jeté, d'observer ordre de plaintes, l'oppression que nous souffrons en toutes nos parties requérant un remède également présent pour la conservation du tout : et bien que l'ecclésiastique qui porte la parole pour tous les ordres en général deust le premier faire paroistre ses doléances, néanmoins, en plusieurs rencontres n'ayant esté non plus que la Noblesse distingué de traitement d'avec les Roturiers, comme dans le débris d'un commun naufrage, chacun s'attachera confusément à cette dernière table de la présente convocation. » Les délibération continuèrent les jeudi, vendredi et samedi et furent reprises le mercredi 25 novembre. Les jours intermédiaires furent employés à la rédaction du cahier dont fut chargé, en vertu même de son titre, le procureur syndic.

Le jeudi 16, en la grande salle de l'archevêché, Baudry donna lecture de ce document qui était, à vrai dire, l'œuvre capitale des États : tous les députés y apposèrent leur signature.

Le même jour, au même lieu, il y eut une séance solennelle en présence du duc de Longueville et des commissaires dont nous avons rappelé les noms.

M. de Roncherolles fit alors ce qu'on appelait la *Réponse*. C'était, en effet, la réponse de la province à la demande du Roi, et l'on peut croire qu'honoré de la mission de parler, au nom des trois ordres, le président n'oublia pas d'exposer leurs légitimes griefs et de faire le tableau le plus touchant qu'il put du malheureux état de la Normandie. Il préparait ainsi les commissaires à entendre favorablement les plaintes articulées dans le cahier dont le procureur syndic recommença la lecture.

Il n'y a point de journaux du temps pour nous faire connaître la harangue de M. de Roncherolles. A défaut de mieux, nous citerons la mention qu'en fit David Ferrant, dans sa dix-neuvième partie de la *Muse Normande* de l'année 1644.

Notre curay, que le bon Dieu benie
Que ne dit ty n'ouvrant le z' Estats,
(Monsieur présent à sa queremonie)?
Y renonchit, palant pour Normandie,
Que tout y allet tresbuchant haut en bas :
Y leur prosnit qu'en sa franchise entiere
Ne luyset pu l'Eglise notte mere,
Qu'on z'oppressoit la Noblesse en tous lieux :
Le Tiers Etat n'a rien qui le deffende.
Pis y conclud comme un homme pieux
Pu no z' espere, et mains y no z' amende.

Après avoir entendu la Réponse, Mgr le duc de Longueville prit l'avis des commissaires et donna l'ordre aux députés de venir le trouver en son hôtel, à l'abbatiale de Saint-Ouen, vers deux heures de l'après-midi, pour conférer avec lui sur chaque article « ainsi qu'il étoit de raison et qu'on avoit coutume de faire. »

Dans l'intervalle il y eut un second dîner à l'Hôtel-de-Ville. On y convia les députés ecclésiastiques et nobles des sept bailliages avec Messieurs les vingt-quatre du conseil et les officiers de la municipalité, le procureur syndic, le trésorier des États et le député de Caen. C'était ce qu'on appelait le *festin de la Réponse*. L'usage n'était pas d'y inviter les députés du tiers état, pas même ceux des quatre vicomtés du bailliage, ni les pensionnaires et quarteniers.

C'est à cela que se bornaient les fêtes offertes aux députés de la province. Nos États n'avaient pas comme ceux de Bretagne leurs interminables banquets. On n'y buvait pas comme à Rennes; on n'y jouait pas comme à Pézénas où le burlesque d'Assoucy, attiré par la réunion des députés du Languedoc, alla tenter la fortune. Cependant Molière qu'il y rencontra avec sa troupe n'avait pas dédaigné de venir dans notre ville. Un acte découvert par notre ami M. Gosselin et dont l'Académie de Rouen a eu la primeur nous montre ce célèbre comédien à Rouen, peu de jours avant l'ouverture des États de 1643, et l'on peut admettre que cette réunion ne fût point étrangère à son voyage.

De deux heures à sept heures du soir, les députés s'entretinrent avec les commissaires sur les articles du cahier. La journée ne put suffire à cette besogne. Le lendemain, vendredi vingt-sept, les conférences furent reprises à deux heures et furent continuées jusqu'à huit. La longue durée de ces discussions nous donne lieu de penser que plusieurs articles furent supprimés et que d'autres furent modifiés d'un commun accord. Dans la rédaction définitive tous sont suivis de l'une ou l'autre de ces mentions : *Au Roy*, ou bien, *Au Roy et en sont les commissaires d'avis*. La première n'était qu'à moitié favorable ; la seconde indiquait une adhésion complète au vœu formulé par les députés.

Au bas du cahier, les commissaires mirent leur ordonnance portant que la levée des deniers serait faite en l'année suivante 1644, « conformément aux lettres patentes et commission sur ce expédiées, selon la forme portée par icelle, et ce par provision jusqu'à ce que par S. M. autrement en eût été ordonné. »

Le samedi 29, à huit heures du matin, il y eut une dernière réunion à l'archevêché. Le procureur syndic en profita pour communiquer deux arrêts de la Chambre des comptes qui donnaient satisfaction à une plainte des États. Chaque député reçut un exemplaire de ces arrêts qu'il dut remettre aux juges de sa localité et faire lire et afficher aux marchés de sa vicomté.

On vit dans cette circonstance combien le procureur syndic, Jacques Baudry, était honoré et estimé de tous les ordres. Un député de la noblesse, M. d'Orgeville, rappela tous les services que cet avocat avait rendus à la province et conclut en demandant qu'on augmentât ses appointements. Cette proposition fut universellement approuvée, et l'augmentation allait être votée sans difficulté. Mais Baudry refusa, bien que les députés insistassent, le pressant de demander ce qu'il voulait, avec assurance qu'on le lui accorderait. Il finit cependant par déclarer qu'il n'avait point touché ses gages et taxations et même qu'on ne l'avait point remboursé des frais qu'il avait faits, dans l'intérêt commun, pendant les quatre dernières années, parce qu'il avait refusé de se rendre à l'appel des Trésoriers de France qui, laissant de côté les députés de la dernière convention résidant à Rouen, l'avaient invité à l'audition du compte particulier des États. Ce compte comprenait, entre autres dépenses, les gratifications à faire aux gouverneurs et aux lieutenants généraux, les taxations en faveur des commissaires du Roi *pour s'être tenus prêts à assister à des États qui pourtant n'avaient point été convoqués*, d'autres taxations, plus singulières et dont jusqu'alors on n'avait point entendu parler, en faveur des deux secrétaires d'État chargés du département de la Normandie et deux de leurs premiers commis. Il se contenta de demander, pour le cas où la compagnie admettrait ces emplois nouveaux, à être payé, par privilège, de ses gages arriérés et de l'indemnité qui lui était due. C'était le moins qu'on pût faire pour lui ; il n'y eut donc aucune objection contre sa demande. Par condescendance, on approuva les allocations dont il avait signalé l'irrégularité, en y mettant cette condition, qu'à l'avenir elles ne figureraient au compte des États que du consentement des députés.

On renouvela ensuite la gratification au duc de Longueville qui fut portée de 22,000 à 40,000 livres, les gratifications au marquis de Beuvron et à M. de Matignon, les deux lieutenants généraux, l'une et l'autre de 6,000 livres. Une députation avait été nommée, quelques jours auparavant, pour prier le gouverneur d'agréer cette augmentation, ce qu'il fit sans peine, malgré tout son dévouement à la cause du peuple.

On écarta une demande faite par le secrétaire du marquis de Beuvron, au nom des deux lieutenants généraux, pour qu'il leur fût accordé une somme supplémentaire de 3,000 livres à chacun ; cette allocation aurait eu pour objet le paiement des gardes qu'ils devaient avoir près d'eux dans le but de s'opposer aux pillages que les *soldats et coureux faisoient dans la province.* Assemblés par bailliages, les députés furent unanimes à reconnaître que la misère du temps et l'impuissance du tiers état ne permettait pas, pour le moment, cette dépense inusitée. Afin de rendre le refus moins pénible pour l'amour-propre de ces puissants personnages, une députation, composée de deux mem-

bres de chaque ordre, fut chargée d'aller leur présenter les excuses de l'assemblée.

A la dernière heure, les échevins de Rouen renou-
velèrent, pour la troisième fois, leur prétention
d'avoir deux voix délibératives au lieu d'une, et
même, sur leur requête, Baudry donna lecture d'un
ancien arrêt du conseil d'État, qui leur était favorable. Les députés persistèrent cependant à leur con-
tester ce privilège. C'en était un en effet, et bien suffi-
sant, à leur gré, que de leur en reconnaître une seule,
puisque de toutes les villes de la Normandie, il n'y
avait que Caen et Rouen à être représentées directement aux États par une délégation municipale.

Il ne restait plus aux députés qu'à désigner ceux
d'entre eux qui devaient porter le cahier au Roi et
assister à l'audition des comptes des États. On nomma
pour le port du cahier, ce qui était la commission la
plus enviée et la plus honorable, Louis de Roncherolles et Charles Dufour, pour l'église; — Jean du
Fay comte de Maulévrier, et Thomas de Franquetot,
pour la noblesse; — Jean Mausavois et Guillaume
Duval pour le tiers état. On leur donna « pouvoir
« de poursuivre vers la majesté du Roi et les sei-
« gneurs de son Conseil, la réponse et l'expédition
« des articles du cahier arrêté et signé des députés
« sans aucune chose augmenter ni diminuer. »

La commission pour l'audition des comptes fut
ainsi composée : Robert Deslandes, curé de Saint-
Victor, Pierre Duval, curé des Loges, pour l'église;
— François de Morainville, sieur d'Orgeville, Michel
de Blainville pour la noblesse; — Jacques de Beausse
et Richard Maze pour le tiers état.

Cette double nomination se fit, à l'archevêché, devant un notaire de Rouen, convoqué à cet effet. Le vote eut lieu par bailliages, c'est-à-dire que l'on recueillit les suffrages suivant l'ordre de ces circonscriptions et des vicomtés. Rien n'autorise à croire que les députés n'aient donné leurs votes qu'aux députés de leur ordre ni que la voix d'un député des ordres privilégiés ait eu plus de pouvoir que celle d'un député du tiers état. Il y avait certainement des cas où les voix se comptaient sans distinction d'ordres. S'il en eût été autrement, la prétention des échevins de Rouen n'eût soulevé de protestation que dans un seul ordre; or, la protestation fut générale. L'opposition qu'il rencontrèrent nous prouve encore que le vote par bailliages ne s'entendait pas en ce sens que chaque bailliage comptait pour une voix. Autrement l'opposition ne se fût fait sentir que dans le bailliage de Rouen.

Ces nominations de commissions étaient faites lorsque M. Du Buisson, trésorier des États, vint dire aux députés que le duc de Longueville eût été bien aise de voir M. de Grosmesnil nommé comme troisième gentilhomme pour le port du cahier. Bien qu'en général on déférât assez volontiers au désir du gouverneur, on crut devoir s'en tenir à la députation telle qu'elle avait été désignée. Les bailliages de Caux et d'Alençon furent seuls favorables à cette demande. Les autres n'y voulurent point entendre; ils annoncèrent que, dans le cas où l'on augmenterait le nombre des gentilshommes, ils demanderaient que l'on augmentât, dans le même temps et dans la même proportion, le nombre des délégués de l'église et du tiers état. On aimait à tenir la balance égale entre tous les ordres. A part certaines prérogatives d'honneur, il n'y avait peut être pas, en France, d'États provinciaux où l'on se rapprochât plus de l'égalité que dans ceux de la Normandie.

A cette session de 1643, les États affirmèrent leur droit de faire comparaître devant eux le capitaine des archers du sel et le grand prévôt de la province.

Le premier fit défaut; il ne vint pas rendre raison de la conduite de ses archers, comme on disait qu'il devait le faire et qu'il l'avait toujours fait. Peut-être connaissait-il les dispositions des députés à son égard et cette plainte qu'ils insérèrent dans leur cahier :

« Tous les pauvres misérables vous demandent justice de la cruauté des Archers qui leur empeschent l'usage de l'eaue de la mer, outrageans ceux qu'ils en trouvent saisis, la liberté de cet élément commun aux barbares et aux bestes ne doit pas moins estre permise à vos subjets; aussi leur a-elle esté tousjours asseurée par les responces de nos Roys vos prédecesseurs sur semblable complainte. »

Qu'eût-il pu faire, après tout, pour satisfaire à leurs griefs, obligé qu'il était par sa fonction de faire observer l'ordonnance des gabelles de 1639, odieuse aux ecclésiastiques, à la noblesse et au peuple, et la principale cause de l'insurrection des Nu-pieds (1).

---

(1) Ordonnance pour les gabelles janvier 1639 : Art. 27. « S'estant aussy introduit depuis quelque temps un très grand abbus qui est que quelques personnes vont querir de l'eaue de mer laquelle ils emportent et voicturent dans leurs maisons et la vendent aux peuples, les abusant du pretexte qu'elle peult servir à saller leurs potages, ce qui aporte une diminution à nos

Comme on n'avait point directement autorité sur lui, on supplia les commissaires de le condamner à l'amende portée par les réponses du Roi aux cahiers précédents.

Quant à M. de Foville, grand prévot de Normandie, il comparut escorté de plusieurs de ses lieutenants et reçut les plaintes qu'on avait à faire contre quelques-uns de ses subordonnés, notamment contre le sieur d'Auchy dit Bethencourt, de Nullemont près d'Aumale, accusé d'abus de pouvoir et d'homicide. On lui ordonna de faire tenir, le lendemain, sa compagnie sous les armes et prête à monter à cheval, pour être passée en revue par deux délégués de la noblesse : Michel de Blainville, sieur de Pierre, et Guillaume Desportes, sieur de Champfremont.

Commencés le 18 novembre 1643, les États ne furent clos que le samedi 18. Rarement ils avaient eu une session aussi longue. Rarement aussi leur cahier avait été aussi développé.

Il comprend 72 articles et forme un volume in-4° de 56 pages. Ce document, même en faisant une grande part à l'exagération, donne une idée fort peu avantageuse de l'état de notre province aux premières

droits de gabelles, cause des maladies contagieuses, flux de sang et d'autres, dont quantité en sont morts et meurent journellement. A quoy estant nécessaire de pourveoir, tant pour la conservation de nos peuples que de nos droits, nous avons faict et faisons très expresses inhibitions et deffences à toutes personnes, de quelque qualité et condition qu'ils soient, d'aller querir de ladite eaue de mer, la vendre, achapter et en uzer, à peine contre les vendeurs d'estre punys des mêmes peynes ordonnées contre les faux saonniers. »

années du règne de Louis XIV. Qu'y voyons nous, en effet? Un nombre infini d'offices, tous créés dans un but purement fiscal, bien qu'on eût allégué, à l'appui de leur établissement, des motifs d'intérêt public qui ne trompaient personne; — une énorme surcharge d'impôts; — les rentes de l'État non payées au mépris de la foi publique; — les traitements notablement diminués; — partout le commerce en souffrance; — les ponts et chaussées à l'abandon; — les villes hors d'état de suffire à leurs charges parce qu'on les accablait de subsides et qu'on réunissait en même temps leurs octrois aux fermes du Roi; — les soldats français redoutés tout autant que des soldats étrangers et mis à la disposition des traitants; — ceux-ci parlant et agissant en maîtres, sous la protection d'une autorité nouvelle les commissaires départis ou intendants, également suspects au peuple et à la magistrature; — aucun ménagement pour les contribuables sur lesquels on faisait peser, dans tout ce qu'il avait de rigoureux et d'inique, le principe de la solidarité en matière de tailles.

Ce sont là quelques uns des traits du tableau; ils sont tracés avec une vigueur qui parfois n'est pas dépourvue d'une certaine éloquence, mais qui le plus souvent est gâtée par le mauvais goût et par l'enflure. On pourra en juger par quelques citations :

« Les prisons regorgent en tous lieux de gens que la seule misère et non aucun défaut de bonne volonté ont empêché de payer au Roy, non point leurs tailles, mais celles de leurs voisins que leur chétive condition a mis en estat de ne craindre aucune exécution.

Il en est mort plus de cinquante dans la seule prison de Pontaudemer. »

« Les exploits de justice se font par des sergents, et les incursions des ennemis à main armée et par troupes de gens de guerre. De quel nom donc peut-on qualifier l'envoy que les traitans font dans les paroisses de compagnies de soldats pour recueillir leur *taille*, car il la faut ainsi nommer puisqu'ils en ont traité ? Le ravage de ces exploitans traine après soy la désolation de tous les lieux par où ils passent et fait au peuple plus de mal qu'il n'en recevroit des trouppes ennemies, de la violence desquelles il se défendroit par la force. »

« Et pourtant le peuple n'est pas criminel, et la taille qu'il doibt n'est pas un intérest de satisfaction pour faulte qu'il ait faicte, auquel cas les obligations seroient solidaires, et un seul pourroit estre engagé pour le tout. C'est une capitation qui, du commencement volontairement consentie pour fournir aux dépenses de guerre nécessaires, est, par l'utilité de son usage et facilité des subjets, tournée dans la nécessité de vous la payer tous les ans, encor que parmy nous elle retienne toujours son premier nom d'octroy et que, pour ce subjet, en toutes les provinces, lesquelles ont retenu la liberté des Estats, elle n'est demandée que par la commission de leur convocation dont elle est le sujet principal. »

Cette opinion sur l'origine et sur la légitimité de la taille est assez éloignée de la doctrine que devaient professer et que professaient déjà un grand nombre de jurisconsultes. Ce qui n'est pas moins remarquable, c'est la manière dont sont jugées les mesures

rigoureuses prises contre la ville de Rouen et contre
la province, à la suite de la révolte des Nu-pieds. D'ac-
cusés qu'ils étaient, les États deviennent accusateurs.
L'on verra par leurs remontrances que, si Gassion et
Séguier avaient rétabli, comme ils s'en flattaient, l'autorité du Roi, ils n'avaient rien gagné sur les esprits
et que la répression dont ils furent les exécuteurs
restait comme un des principaux griefs de la province
contre le gouvernement du feu roi ou plutôt de son
implacable ministre.

« Ha, sire ! que le prétexte de ces Nuds-pieds (dont
le nom nous est si terrible qu'il confond notre ima-
gination des diverses idées des maux que nous en
ressentons) a rechaussé de gens et revestu de nos des-
pouilles la nudité de leur fortune ! Quelque vile
canaille que l'insolence des partisans avoit inconsi-
dérément jetté au désespoir se porta à des actions
d'indignation et de vengeance contr'eux sans inté-
resser le respect deu au gouvernement ny se départir
en aucune façon de leur fidelité. C'estoient de simples
tumultes que nulle personne de condition ne favori-
soit ni de dessein ni de complicité. Au contraire, les
magistrats et tous ceux qui avoient quelque espèce
de bien s'opposèrent, de toute leur force, au progrès
de ces violences. Néantmoins, le tout estant calme,
au lieu d'un léger dédommagement qui pouvoit satisfaire les pertes des intéressez en ces émotions et sans
en prendre plus exacte connoissance, la ville capitale
de cette province a esté foudroyée d'une quantité si
prodigieuse d'imposts et de subsides qu'il ne luy
reste plus de marque des tesmoignages dont nos
Roys avoient cy-devant honoré le sentiment de ses

services. Ses octroys sont tournez en nécessitez rigoureuses de levées unies à vos fermes, ses priviléges violez, ses bourgeois opprimez de logemens de
gens de guerre qui dans les siècles précédens n'en
avoient approché que pour deffendre ses murailles,
et ne s'y consomme aucune sorte de denrée qui ne
porte les marques de sa calamité. »

Le contrôle des teintures qui avait poussé le peuple
de Rouen à la révolte continuait d'être l'objet des
mêmes attaques, des mêmes critiques. Les lettres
patentes qui l'avaient établi invoquaient mensongère-
ment l'intérêt de l'industrie. Il fallait empêcher « les
étrangers de se servir des avantages que les Français
avaient sur les peuples voisins soit pour la manufacture des étoffes, soit pour la bonté des drogues qui
croissaient en France; prendre des mesures pour
que les teinturiers ne mêlassent plus parmi le pastel,
parmi la guelde et la voide, des teintures défendues,
telles que le nil, le bois d'Inde et le tournesol, dans
la crainte que les fraudes ne fissent passer le commerce de la draperie aux Anglais et aux Flamands. »

La ville de Rouen, en réponse à ces allégations,
affirmait que l'établissement du contrôle avait ruiné
la meilleure et la plus notable des manufactures de
Normandie et réduit à l'aumône plus de cinq mille
familles de pauvres artisans. Elle accusait de men-
songe l'auteur de l'imposition sur les garances venant
de l'étranger, pour avoir fait accroire au Conseil que
le climat de la Normandie n'était pas antipathique à
la culture de cette plante indispensable.

A leur tour et avec plus de hardiesse, les États
proclamaient que la source de tous les malheurs avait

été « ce funeste aviz du prétendu controlle des teintures, que les partisans qui l'avoient proposé n'y avoient vu qu'un moyen de faire une fortune rapide ; qu'ils abusoient de la substance du pauvre peuple, qu'ils estoient teints de son sang et que c'estoit cette seule teinture qui requéroit le contrôle de la justice du Roi. »

L'hostilité n'était guère moindre contre les Intendants et commissaires départis parmi lesquels se trouvait alors, dans la haute Normandie, le père du célèbre Blaise Pascal.

« Ce ne sont pas officiers des ordonnances de vostre Estat ny les juges establis par les loix de vostre Royaume, mais ministres envoyez pour l'exécution des ordres conceuz sous le nom de votre Majesté, pour fournir plus facilement au compte du traitant. » — On s'en prenait à eux des maux que causaient tant de commissions extraordinaires et des abus des exploitans ; on réclamait à grands cris leur révocation, comme un des plus grands services que l'on pût rendre au peuple. « Il est vraysemblable, disait-on au Roi, qu'en les révoquant vous ferez plaisir à MM. les commissaires lesquels, sans commandement bien exprès, n'auroient pas quitté le séjour délicieux de votre cour et les splendeurs de votre conseil, où ils ne voient qu'abondance d'honneurs et de biens, pour habiter ces lieux d'horreur et de désolation que nous ont causé les traitants, où le pain n'est paistry que de larmes des misérables et la boisson si chère que l'eau ne se peut boire qu'en l'acheptant à prix d'argent. »

Deux articles, entr'autres, montrent à quels expé-

dients le gouvernement avait été réduit pour faire
face aux dépenses de la guerre.

Un arrêt du Conseil du 15 mars 1642 avait retranché
aux officiers un quartier de leurs gages de l'année 1641,
un quartier et demi des années 1642 et 1643. Parmi
ces fonctionnaires on avait compris de pauvres gens
tels qu'auneurs de toiles et de draps, courtiers de
vin et de cidre et de laine, priseurs de foin et visi-
teurs de bois qui avaient à peine de quoi vivre au
moyen des faibles émoluments qui leur avaient été
attribués. Ces malheureux poursuivis, emprisonnés,
sans pitié, à la requête du traitant, avaient obtenu un
arrêt du Conseil qui leur était favorable ; mais le traitant obtint peu de temps après et sur simple requête
un arrêt qui annulait le premier. « Ce procédé n'estoit point dans la justice, ainsi que le faisaient
observer les États. Un arrest sur requeste ne devoit
point éluder un précédent arrest contradictoire, et
au fond ces retranchements ne concernoient point
ces misérables qui n'avoient aucuns gages de S. M. »

Le retranchement des rentes fut un abus encore
plus criant. Celles qui avaient été assignées sur les
aides, primitivement créées au denier 12, furent
réduites par arrêt du Conseil de l'année 1637, au
denier 18, réduction qui fut bientôt, il est vrai,
rejetée par un autre arrêt, mais en obligeant les ren-
tiers à payer trois années et un quartier, ce qui
n'empêcha pas, dès que cette retenue eût été opérée,
de réduire les rentes au denier 22. De l'année 1637 à
1643, il se trouva qu'on n'avait pas retenu moins de
onze quartiers sous prétexte de confirmation. Les
rentes constituées sur les douanes et traites foraines

né furent pas mieux respectées. Mais les plus mal acquittées étaient sans contredit celles de la recette générale des finances dont on n'avait payé depuis six ans qu'un seul quartier. Les receveurs généraux alléguaient le manque de fonds et la nécessité de faire passer l'*Épargne* avant les particuliers. L'exposé de cette situation, fait avec netteté dans le cahier des États, est suivi de cette apostrophe au Roi : « Sire, ces rentes sont vos debtes les plus légitimes ; elles ont été créées pour le service de vostre Estat, sous l'asseurance de la foy publique, à laquelle les particuliers ont fié leurs fortunes ; plusieurs d'entr'eux ayant vendu ce qu'ils avoient de patrimoine pour y fournir sont les plus favorables. Elles font le pain de la vefve et de l'orphelin qui crient à la faim après tous les fauteurs de ces retranchements, et tel dont tout le bien consistoit en rente de cette nature, d'une condition assez bonne, est maintenant réduit à la mendicité. Toute l'aumône qu'ils demandent de votre piété est que vous leur payez ce que votre justice vous oblige de leur rendre. »

Ce n'était pas seulement aux traitants que les États avaient affaire, mais encore à de grands seigneurs dont la cupidité n'était pas moins grande et dont le crédit était plus à redouter. Ils durent remontrer combien était injuste et ruineuse pour le peuple la vente des *paluds et marais* de Caen et du Cotentin, de ces terres que la nature leur avait données, dont on avait voulu les déposséder d'abord en faveur du comte de Soissons, plus tard en faveur du chancelier et du duc de Beaufort. L'Intendant de Caen, M. de la Poterie, avait été chargé de cette commission on ne peut plus impopulaire. On pense si les députés voyaient de bon œil la pompeuse escorte de gardes dont s'entourait ce commissaire et qui vivait aux dépens du peuple.

Mais suivant eux « le plus rude et le plus hardi de tous les tributs qui gênént les marchands estoit celui de ce poix qu'une augmentation prodigieuse de deux deniers, qui en revenoient au Roi, avoit fait monter en un instant jusques à 4 sous, qui n'alloient point aux coffres de S. Majesté mais en bourse particuliere, dont l'interest ne devoit contrepoiser à la ruine du pauvre peuple qui en demandoit la révocation. »

Cette bourse particulière n'était autre que celle du prince de Condé. Il avait succédé à la duchesse d'Aiguillon qui s'était fait adjuger, en sa qualité de nièce de Richelieu et pour un prix modique, les droits de contrôle de Rouen, le Havre, Dieppe, Honfleur et Harfleur.

Le cahier fut répondu par le Roi étant en son conseil, la Reine régente présente, le 17 mars 1644.

A l'article principal, celui par lequel on demandait une diminution de moitié sur les sommes contenues dans la commission, la décharge entière des subsistances et des étapes et de l'*Équivalent*, il fut fait cette réponse :

« Les dépenses immenses de la guerre et le bien des affaires du Roy ne luy permettent pas d'entendre, quant à présent, aux demandes mentionnées au présent article, auxquelles il se réserve de pourveoir, lorsque Dieu luy aura donné la paix et à ses alliés, pour laquelle leurs Majestez s'employent et travaillent incessamment. »

Quelques articles furent répondus favorablement.
On rendit à Rouen et à Caen leurs canons ; — on accorda 6,000 livres pour l'entretien du pont de Rouen ;
— on promit de ne point laisser à la charge des villes
les Espagnols pris à Rocroy et qui étaient loin d'être
traités avec les égards dûs à des prisonniers de
guerre ; — on renvoya au parlement les articles où
l'on concluait à la réforme de quelques dispositions
de la coutume de Normandie.

C'étaient assurément des concessions qui avaient
leur importance ; mais combien elles étaient loin
de répondre aux espérances que l'on avaient conçues !
Le chantre populaire de la *Muse Normande* que nous
avons déjà cité exprime, à sa manière, la déception
que l'on éprouva, en voyant persister la plupart des
abus dont on avait demandé la réforme :

> Huit jours après, oyant la mangerie
> Mise o Çayers faits par no Magistrats,
> Que maints gripeux fezest dans ste patrie
> Sans aver dret, adveu ny Signeurie
> Je devredais en feçant chent helas :
> Disant, faut ty qu'une si bonne mere
> Ayt engendré stengeance de vipere
> Qui la depiche à sen mal ennuyeux,
> Que nos moyens de ces vautours dépende.
> Ayez esgard à nos clameurs, ô Cieux,
> *Pu no z'espere et mains y no z'amende.*
>
> Y ny a cachots, prisons, Conciergerie,
> Où no n'ayt mis le zommes comme à tas,
> Pour assouver de ces gens la furie,
> L'iau de la mer, mesme o poure est ravie,
> Prins, on ly fait pire qu'à des forçats :

Aussi ce Duc, ce Prince débonnaire
Promit qu'o Roy y diret tout st affaire
Et qu'il feret punir tels factieux.
Le S. Esprit dans leu Conseil descende
Afin qu'en pleurs no ne die douteux
Pu no z'espère et mains y no z'amende !

De 1648 il nous faut passer à 1655, pour trouver en Normandie une session des États provinciaux. Une interruption aussi longue ne peut guère s'expliquer que par les alarmes que donnait à l'autorité l'esprit de faction qui régnait dans notre province, et qui, un instant comprimé, se ranima, de nouveau, en 1649, ouvertement excité par ceux-là même dont l'on devait attendre le bon exemple, par le gouverneur et par les cours souveraines. Lorsque la Fronde eût été vaincue, le sentiment des maux qu'elle avait causés produisit un effet tout différent de celui que l'on avait annoncé. La liberté politique, compromise par trop d'excès, fut sacrifiée à la majesté royale; la France fut entrainée du côté du Roi, auquel, par dégoût de l'anarchie, on abandonna désormais, sans discuter, l'entière disposition du gouvernement.

Dans ces circonstances nouvelles, la convocation de l'assemblée provinciale ne sembla pas autre chose qu'une concession toute gratuite du chef de l'État, une manifestation éclatante de la réconciliation qui s'était opérée entre le duc de Longueville repentant et la cour qui lui avait pardonné.

La réunion avait été fixée au 26 novembre 1654; mais elle fut différée d'abord jusqu'au 25 janvier, ensuite jusqu'au 3 février 1655 (1).

Les élections se firent suivant les formes que nous avons fait connaître. Ce fut, le mardi 3 novembre, qu'on y procéda, à l'Hôtel-de-Ville de Rouen. Il y eut à y prendre part cent trente-un ecclésiastiques, trente-sept nobles et, outre les membres de l'administration municipale au complet, un certain nombre de notables bourgeois qui avaient été convoqués par les quarteniers et auxquels s'étaient joints les centeniers. Le sergent de la ville donna lecture des listes. Ceux qui ne se trouvèrent pas présents à l'appel de leur nom, furent condamnés à 6 livres d'amende. Vers la fin de la séance, lorsqu'on vint à recueillir les votes, il ne restait plus dans la salle que vingt bourgeois. Les autres s'étaient retirés *trouvant que l'heure était trop avancée.* Aux élections pour les États généraux, le 11 juillet 1651, les bourgeois convoqués n'avaient pas montré plus de patience. Au moment du vote, le greffier avait constaté qu'ils s'étaient retirés pour ce même motif que l'*heure était trop avancée.* Cette fois encore, comme nous avons eu l'occasion de le remarquer, aux élections pour les États de 1643, et comme nous venons de le voir, aux élections pour ceux de 1654, le clergé l'avait emporté sur la noblesse, par le nombre des électeurs qu'il avait fournis ; pour 353 curés et religieux on n'avait compté, en effet que 122 nobles.

(1) Les lettres du Roi au gouverneur portaient la date du 31 septembre 1654 ; celles du gouverneur aux baillis portaient la date du 27 septembre (Archives de Dieppe).

Si favorable que soit l'opinion que nous nous formions de la véracité du greffier municipal, de la régularité des habitudes à cette époque, nous hésitons à croire que l'ennui de rentrer trop tard à leur logis par des rues désertes ou mal éclairées ait été l'unique ou même la principale cause de cette retraite des bourgeois. On les voit s'en aller sans rien dire ni faire, ou plutôt en ne faisant que ce qui était rigoureusement nécessaire pour éviter l'amende, et dans le même temps, nous entendons les échevins se plaindre de la non-comparence à l'Hôtel-de-Ville des députés du tiers état des vicomtés de Pont-de-l'Arche, de Pont-Audemer et d'Auge. N'est-on pas fondé à se demander si les uns et les autres n'auraient point été rebutés par les distinctions que, dans l'enceinte de l'Hôtel-de-Ville, on réservait aux membres de l'administration et aux deux ordres privilégiés?

Cette indifférence de la bourgeoisie en matière d'administration et de politique était alors assez générale en France. Elle n'a point échappé à l'attention de M. Augustin Thierry qui la signale à propos de la tentative faite pour la réunion des Etats généraux en 1649 et 1651. Les échevins en souffrirent plus d'une fois, voyant par là diminuer l'éclat et l'importance de leurs fonctions.

C'est la conclusion que nous nous croyons fondé à tirer des paroles prononcées, le 4 juillet 1656, à l'Hôtel-de-Ville de Rouen, devant le duc de Longueville, par le premier échevin de Rouen, au nom de ses collègues, lors du renouvellement du Bureau:

« Votre Altesse nous permettra, s'il luy plaist, de commencer ce discours par une espèce d'estonne-

ment ou plutost d'admiration, voyant icy en ce jour
un si grand concours de peuple, une si grande multitude de personnes et avec une telle affluence qu'il est
quasi impossible que ceste maison en puisse contenir
la moindre partie. Sur quoi il nous semble fort à
propos d'appliquer en ce rencontre les paroles du
prophète Jérémie quand il s'escrie sur la ville de
Hierusalem en ces termes : *Quomodo sedet sola civitas
plena populo*? Attendu que nous avons veu autrefois,
Monseigneur, que, s'il falloit faire quelque assemblée
en la ville, s'il estoit question d'y convoquer le
peuple, pour y entendre les volontez du Roy ou pour
y délibérer de quelques affaires concernant le bien de
la province, du public ou de la ville, aucuns n'y com-
paroissoient pas ou ne s'y trouvoient, en sorte que l'on
estoit le plus souvent contraint et obligé de remettre
et différer les assemblées en un autre jour, mesme
mulcter ou menacer d'amende le peuple pour l'y faire
convenir, et si pour lors peu de personnes s'y rencon-
troient, et *tunc temporis facta erat civitas vacua quasi
vidua gentium.* ›

C'était bien là, en effet, ce qui était arrivé à l'Hôtel-
de-Ville, le 3 novembre 1654, lorsque l'on nomma
pour l'église Mgr François de Harlay, archevêque de
Rouen ; pour la noblesse Charles de Fouilleuse,
marquis de Flavacourt, châtelain de Villers ; pour
conseillers échevins, Jean Prieur sieur de Mezengue-
mare et François de Lemperière sieur de Montigny.

Nous ne saurions dire s'il s'était présenté plus de
monde au bailliage, pour l'élection du député du tiers
état qui fut Vincent Savary, cultivateur de Sierville
en la sergenterie de Pavilly.

L'archevêque, ayant été prévenu des intentions de l'assemblée, se rendit à l'Hôtel-de-Ville. Il fut reçu à la première porte par deux quarteniers ; il alla, précédé de son aumônier qui portait sa croix, faire sa prière dans la chapelle municipale. A la suite de cette cérémonie, il entra dans la salle des délibérations, et fut s'asseoir sur une chaire de velours placée au coin du bureau.

Prenant alors la parole, il exprima sa joie de trouver l'occasion, au sein d'une assemblée aussi célèbre, de rendre sa reconnaissance publique à cette grande ville de Rouen pour les témoignages d'amitié et de bienveillance qu'il en avait reçus en toute rencontre ; l'occasion aussi de l'assurer de son affection et de son dévouement. Allant au devant des vœux de tous, il déclara « qu'il se sentoit obligé de représenter au Roi que la province estoit très redevable à sa bonté de ce qu'il lui plaisoit la restablir dans ses privileges et lui rendre les marques de son ancienne liberté par la convocation de ses Estats. Sa Majesté ayant esté eslevée à la piété avec grand soin ne pouvoit donner de preuves plus sensibles de sa compassion pour les misères de son peuple qu'en luy permettant de s'approcher de luy, de lui porter ses plaintes pour y donner les remèdes par une bonté paternelle et toute royale, ce qui devoit faire concevoir à tous de grandes espérances d'un succès bien advantageux. Lui même s'offroit de bon cœur d'y contribuer en tout ce qu'on pourroit désirer de luy, n'estimant rien de bas où il s'agissoit du service et du soulagement de la province. »

Il rappela, à ce propos, un souvenir cher à la ville :

« Feu son grand oncle et illustre prédécesseur, qui
avoit donné toute sa vie à son peuple, n'avoit-il pas,
avec grande satisfaction, reçu la nomination qui
avoit esté faite de sa personne en pareille assemblée,
ayant suivi en cela l'exemple d'un Roger, archevesque
de Rouen, depuis pape sous le nom de Clément VI,
lequel s'estoit chargé des plaintes de la province et
les avoit été présenter au Roy ? »

Dans cette circonstance, l'archevêque ne se con-
tentait pas d'agir comme son oncle ; il reproduisait
son langage, à en juger par l'analyse qu'on en retrouve
dans les registres de l'Hôtel-de-Ville :

« Cette députation, avait dit l'ancien archevêque, à
l'assemblée de l'Hôtel-de-Ville, le 1er décembre 1627,
cette députation n'est pas sans exemple. Pierre Roger
de la maison de Roziere, au pays de Limousin, estant
archevesque de Rouen et depuis pape soubs lo nom
de Clément sixième, fust député de la province de
Normandie avec les évesques d'Avranches et de
Bayeux pour représenter au roy Philippe de Valois
les grandes et insupportables levées qui se faisoient
sur la province, et fist tant par la force de son éloquence qu'il obtint décharge de tels imposts avec
promesse du Roy pour l'avenir qu'il ne se feroit plus
aucune levée sur le peuple sans le consentement des
trois estats, d'où est venue depuis la tenue d'iceux.
Pour lui il avoit si grande affection au bien de la province qu'il employroit volontiers tout ce qui despen-
droit de son pouvoir pour faire réussir quelque avantage à ladite province de sa députation, à quoi il
conjuroit et prioit toute la compagnie de sa part afin
d'en obtenir quelque fruict. »

Le neveu protestait qu'il ne trouverait rien de bas
dès qu'il s'agirait du service de la Normandie.
L'oncle avait declaré qu'il ne voulait à l'Hôtel-de-
Ville d'autre marque de dignité que celle de premier
bourgeois.

Ces paroles m'ont paru mériter d'être rapportées.
Elles valurent, dans le temps, aux prélats qui les
prononcèrent, la confiance de la cité et le titre de
protecteurs des libertés du pays.

Dès le 25 janvier, tous les députés étaient réunis
à Rouen. Mais l'ouverture de la session ayant été
différée de quelques jours à cause de l'indisposition
du duc de Longueville, afin d'employer utilement ce
délai, les députés prirent l'habitude de s'assembler
journellement chez l'archevêque, et là de conférer
ensemble sur les mémoires dont ils avaient été
chargés. Ces mémoires avaient été élaborés dans des
réunions présidées, dans chaque bailliage et dans
chaque vicomté, par les lieutenants généraux et particuliers des baillis. Ainsi nous voyons à Alençon,
le 8 janvier 1655, une commission désignée pour
rédiger les articles de ce qu'il était à propos de soumettre aux délibérations des États. Elle était composée d'officiers du Roi et d'avocats, c'est-à-dire pré-
cisément de ceux que les règlements excluaient des
assemblées provinciales. La rédaction de ces articles
avait été étudiée et arrêtée en présence d'Antoine de
la Fournerie, sieur du Plessis-Bochard, lieutenant
particulier au siége présidial d'Alençon (1).

Enfin, le 3 février, à huit heures du matin, les États

(1) Archives du département de l'Orne.

s'assemblèrent à l'archevêché. Ce serait tromper l'attente de ceux qui voudront bien lire ces lignes que de leur laisser espérer, dans le récit qui va suivre, des faits d'un intérêt général. Il ne sera guère question que de cérémonial. Toutefois ce point, si secondaire qu'il paraisse, a son importance pour une histoire particulière de province. C'est un tableau des mœurs de l'époque, et, si je ne me trompe, un tableau unique en son genre. On a conservé un assez bon nombre de cahiers imprimés des États de Normandie. Mais on y chercherait vainement quelques renseignements sur la manière de procéder, sur l'organisation intérieure de ces assemblées, dont le nom, il faut bien le dire, est plus célèbre que leur histoire n'est connue. Nous n'avons, pour nous renseigner à cet égard, qu'un très petit nombre de procès-verbaux, écourtés et incomplets, dont aucun auteur n'a parlé, et dont on paraît avoir ignoré l'existence. Les plus détaillés sont ceux de 1643 et de 1655, l'un et l'autre parfaitement authentiques puisqu'ils ont été rédigés par Alain De la Londe, greffier des députés (1). J'ai analysé le premier dans la première partie de ce travail; il me reste à faire connaître le second. C'est à ce document que sont empruntés une bonne partie des détails qui sont ici rassemblés.

Les députés sortirent de la chambre de l'archevêque précédés de leurs quatre huissiers. Ils se rendirent dans la salle de la juridiction des Hauts-Jours, lieu désigné pour leurs séances habituelles. Chaque bailliage marchait séparément et à son rang, selon

(1) Bibliothèque de Rouen; manuscrit du Fonds Martainville.

4

l'ordre de son appel, conduit par le député de l'église en robe et en bonnet, à l'exception des prélats qui étaient en rochet. L'ecclésiastique était suivi du noble vêtu à l'ordinaire avec l'épée au côté; après celui-ci marchaient les députés du tiers état, en leurs habits ordinaires, à la réserve des conseillers échevins de Rouen qui étaient en robe courte avec toque de velours. Entr'eux deux se trouvait le procureur syndic, également en habit court et en toque de velours, suivi du greffier.

A peine étaient-ils dans la salle de la juridiction qu'on vint les prévenir de l'arrivée à l'archevêché du duc de Longueville et des commissaires du Roi.

Ils reprirent leur marche dans le même ordre et entrèrent dans la salle d'audience ou salle des États que l'on avait eu soin de tendre de tapisseries. Les ecclésiastiques prirent séance à droite; les nobles à gauche, les uns et les autres sur des sièges *endossés* et couverts de tapis, en suivant l'ordre des bailliages. L'archevêque de Rouen, député du bailliage de Rouen, et l'évêque de Séez, Mgr Rouxel de Médavy (1), eurent seuls des fauteuils de velours. On fit une autre exception en faveur de l'évêque de Séez, à raison de la dignité de son caractère. Les ecclésiastiques lui accordèrent séance auprès de l'archevêque, député du premier bailliage, mais en retenant que ce serait sans tirer à conséquence pour l'avenir. Du reste, ce prélat, à la marche et en opinant, dut reprendre le rang du bailliage d'Alençon qui était le dernier.

Vers le bas de la salle, entre les sièges de Mes-

(1) Plus tard archevêque de Rouen.

sieurs de l'église et ceux de Messieurs de la noblesse,
on avait mis un banc couvert d'un tapis, mais non
endossé, où se placèrent le procureur syndic et à ses
côtés les deux échevins, députés de la ville de Rouen.

Derrière eux étaient deux tabourets, l'un à droite
pour le greffier, l'autre à gauche pour l'échevin,
député de la ville de Caen.

Plus loin étaient non plus des fauteuils, siéges ou
tabourets, mais des bancs pour le tiers état des vicomtés des sept bailliages. Chaque bailliage avait le
sien et gardait l'ordre de son appel.

Lorsque tous eurent pris leurs places, le duc de Longueville fit son entrée, suivi des commissaires du
Roi qui jamais n'avaient été plus nombreux. Il alla
prendre séance sous un dais de velours dans un
fauteuil de pareille étoffe, posé sur un marchepied
que recouvrait un tapis, ledit marchepied élevé de
six à sept pouces, long et large de huit à neuf pieds.

Cette circonstance nous paraîtra sans doute assez
indifférente. Telle n'eût pas été l'opinion de Claude
Groulard, premier président au parlement. Une pareille distinction en faveur d'un gouverneur de province, tout prince du sang qu'il était, à l'exclusion du
chef de la première cour de Normandie, lui eût paru
un grave abus, et ce n'est pas sans amertume, que
dans ses mémoires, il contesta cette marque d'honneur au duc de Montpensier.

Les commissaires étaient assis des deux côtés dans
des chaises à bras, savoir : à droite le marquis de
Beuvron, lieutenant général pour le Roi en Normandie, Jacques Poërier comte d'Amfreville, second
président au parlement ; — à gauche M. de Faucon

de Ris, premier président, et Nicolas Turgot sieur de Lanteuil, président au parlement;—plus loin, M. Robert de Franquetot, M. de Mesgrigny, président en la même cour, Pierre de Becdelièvre, premier président en la Cour des aides, Gaspard Le Duc, trésorier général de France au Bureau des finances de Caen, Philippe Maignart de Bernières, procureur général au parlement, Alexandre Bigot de Monville, et Charles Bretel d'Etalleville, présidents au parlement, Georges Langlois de Mauteville, premier président en la Cour des comptes, Richard Osmont, trésorier général de France au Bureau des finances de Rouen, Pierre Pecqueult, trésorier général de France au Bureau des finances de Caen, et Jean Antoine Ranchin, receveur général des finances de Rouen.

Au dessous d'eux il y avait un bureau pour Jean Lespeudry, greffier des commissaires, appelé communément greffier des États, officier royal qu'il ne faut pas confondre avec le greffier particulier des députés.

En face de ce personnage on avait mis trois siéges pour les trois Intendants ou Commissaires départis des généralités de Rouen, Caen et Alençon, MM. Dyel de Miromesnil, Favier du Boullay et Morant.

En songeant au rôle, non seulement important mais prépondérant, que devaient jouer ces fonctionnaires créés par le génie administratif de Richelieu et qui sont les aïeux directs des préfets du nouveau régime, on est, tout d'abord, quelque peu surpris du rang inférieur qui leur est assigné dans une circonstance solennelle où les préséances avaient été certainement réglées avec une minutieuse attention. Mais en nous reportant aux États de 1643, en nous rappelant les plaintes passionnées que firent alors, contre cette magistrature nouvelle, les députés de notre province, et surtout en nous rappelant que son abolition avait été réclamée, dès les premiers troubles de la Fronde, par toutes les cours du royaume, on trouvera que c'était déjà avoir beaucoup fait que d'avoir osé introduire au sein même des États provinciaux, et avec le titre de commissaires du Roi, des administrateurs aussi haïs et aussi redoutés. Subalternes encore aujourd'hui, ils devaient, dans peu d'années, braver les rancunes et la jalousie des juridictions ordinaires, remplacer les États, et en fin de compte demeurer maîtres de la place.

Le reste de la salle était rempli de personnes considérables de tous les ordres et d'une grande foule de peuple.

Les séances prises et le silence fait, le gouverneur commanda au greffier de donner lecture de la commission du Roi (datée de Paris, 15 octobre précédent), par laquelle Sa Majesté ordonnait l'imposition des tailles et subsistances de l'année 1655. Après quoi, le gouverneur exposa succinctement les volontés du Roi, et le premier président, M. Faucon de Ris, dans une sorte de harangue, s'attacha à justifier l'élévation des impôts par les nécessités urgentes du royaume.

Sur l'ordre du duc de Longueville, le greffier remit alors au procureur syndic les lettres de cachet adressées par le Roi aux députés.

A ce moment, les représentants des trois ordres se levèrent et vinrent se ranger autour du procureur syndic dans l'espace resté vide entre les siéges de l'église, ceux de la noblesse et les bancs du tiers

état. Ils entendirent respectueusement la lecture de
ces lettres par lesquelles le Roi les invitait à se mon-
trer favorables à ses demandes ainsi qu'aux propositions qui leur seraient faites, en son nom, par ses
commissaires (Paris, 28 décembre 1654).

Après avoir conféré entre'eux pendant quelques
instants sur la commission, sur les lettres de cachet
et sur les propositions du duc de Longueville, déve-
loppées par le premier président, les députés déci-
dèrent de solliciter, par l'organe de l'archevêque, la
communication de la commission et un délai conve-
nable pour préparer la *Réponse*.

Une requête fut, en effet, présentée dans ce sens
par l'archevêque, et lorsque chacun eut repris sa
place, le gouverneur, de l'avis de tous les commissaires, accorda aux députés un délai de dix jours
pour présenter leur réponse. Sur cela, il se leva et
sortit de la salle, accompagné de tous les commissaires du Roi. Ainsi se termina la cérémonie dite de
l'*Ouverture*.

De leur côté, les députés se retirèrent dans la salle
de la juridiction des Hauts-Jours où il fut procédé à
leur appel nominal et à la vérification de leurs pou-
voirs. Cet appel se fit par le greffier De la Londe et
dans l'ordre que nous avons dit pour l'assemblée
de 1643. Il se trouva pour le bailliage de Caux deux
prétendants à la qualité de député de l'église : Michel
Doublet, curé du Grand-Torcy, prieur de Pubel, l'un
des syndics du clergé du diocèse de Rouen (1), et

(1) La dalle tumulaire de ce personnage, retrouvée par M. l'abbé
Cochet, a été transportée au Musée d'Antiquités de Rouen. (Voir
Bulletin de la Commission des Antiquités, t. II, p. 279 et 405.)

Antoine Rasset, curé d'Harcanville ; pour la vicomté d'Evreux, trois prétendants à la qualité de député du tiers état : Jacques Fardon, ancien échevin, Jacques Chéron, de Passy, et Pierre Jean, bourgeois d'Ivry-la Chaussée. On refusa d'admettre Jean de Levilly qui se présentait pour le tiers état de la vicomté de Coutances, et Nicolas Bernard, châtelain de Maisons, envoyé par l'Hôtel-de-Ville de Caen, le premier parce qu'il était receveur des tailles, le second, parce qu'il était trésorier général de France au Bureau des finances de Caen. On admit un bourgeois, comme représentant de la vicomté de Saint-Silvin, bien qu'il ne parût pas par les anciens registres que jusque là cette vicomté eût eu un député particulier ; mais on eut soin de retenir que ce serait sans rien préjuger pour l'avenir. Il n'y eut à faire défaut que les députés des vicomtés de Carentan, de Mortain et de Chaumont et Magny. Leur absence, quoique regrettée et punie d'amende, fut moins remarquée que celle de l'adjudicataire général des gabelles et du prévôt général que l'on prétendait être astreints à comparaître pour rendre compte de leur conduite, et de celle des vice-baillis, de leurs officiers et de leurs archers.

A la suite de cet appel, le procureur syndic avertit les députés que, suivant l'usage, leur premier acte devait être la nomination d'un président à prendre dans l'ordre ecclésiastique. Il représenta, en même temps, que, dans la circonstance présente, il ne pouvait s'agir d'élection, mais simplement de la reconnaissance d'un droit, puisque parmi ses membres, l'assemblée avait l'honneur de compter l'archevêque, primat de la province et en cette qualité chef du pre-

mier des trois ordres. Ce point fut admis sans difficulté, ainsi qu'il l'avait été, en 1627, pour Mgr François II de Harlay.

Ce jour-là, un dîner fut offert par les officiers muni-
cipaux à l'archevêque, au député de la noblesse, aux
députés des quatre vicomtés du bailliage, au premier
avocat général du parlement, au premier avocat du
Roi et au procureur du Roi du bailliage auxquels se
joignirent les conseillers-échevins, les Anciens et les
quatre officiers de la ville (1).

Dans la soirée, on s'occupa de la rédaction du cahier
particulier du bailliage de Rouen. Dans cette séance
importante les places avaient été très exactemement
réglées et l'on eut soin d'en dresser un procès-verbal
qui pût faire loi pour l'avenir. L'archevêque était au
bout de la table dans une chaire de tapisserie sur
laquelle avait été posé un carreau de velours. D'un
côté, vers la cheminée, étaient M. Le Baron, lieutenant
particulier, M. Le Grand, avocat du Roi, M. de Neuf-
moulin, procureur du Roi, deux de MM. les échevins et un des Anciens. De l'autre côté, M. Hue de la
Trouerie, premier avocat général au parlement, le

(1) « Il sera remarqué que lesdits Estats ayant esté termez au
lundi 20ᵉ jour de janvier et n'ayant peu estre ouverts ledit jour,
à cause d'une indisposition survenue à Mgr le duc de Longueville,
mais remis à ce jourd'huy, troisième de febvrier, que les dits
sieurs eschevins ont envoyé à l'Hostel-Dieu une partie des viandes
qui avoient esté achetées et préparées pour le festin dudit jour
25ᵉ janvier et qu'ils en ont faist distribuer une autre partie à
quelques pauvres de la ville. » Les pensionnaires et les quarteniers n'étaient point invités à ce dîner. (Archives de l'Hôtel-de-
Ville de Rouen.)

marquis de Flavacourt, quatre échevins et un autre des Anciens.

A une seconde table, le long de la muraille, prirent place le reste des Anciens, les quatre officiers de la ville et les députés des quatre vicomtés.

L'archevêque était entré en carrosse dans la cour de l'Hôtel-de-Ville et s'était avancé jusqu'à la porte de la grande salle où les conseillers vinrent le recevoir. Il était accompagné de deux députés de la ville, MM. de Mezanguemare et de Lemperière qui étaient allés le prendre à l'archevêché.

L'évêque de Séez, Mgr Rouxel de Médavy, fut introduit à l'Hôtel-de-Ville par l'archevêque, et on lui donna une place d'honneur, dans une chaire de tapisserie avec carreau de velours, au-dessus du lieutenant particulier, M. Le Baron.

On a soin de faire observer, dans le registre de la ville, que ces deux prélats, M. de Flavacourt, les gens du Roi, et les échevins conservèrent leurs siéges pendant la délibération, tandis qu'on invita les Anciens à reprendre leurs places accoutumées et les députés des quatre vicomtés à se ranger derrière les échevins près des quarteniers.

On commença par demander à ces députés qu'ils eussent à représenter leurs mémoires. Ils répondirent qu'ils les avaient déposés entre les mains du procureur syndic, sur la demande que celui-ci leur en avait faite, l'un des jours précédents, aux conférences tenues à l'archevêché. On leur répliqua qu'en agissant de la sorte ils avaient manqué à leur devoir envers la ville; qu'on ne leur faisait l'honneur de les appeler que pour donner connaissance de ces documents afin de s'en aider, si on le trouvait bon, dans la rédaction du cahier du bailliage. La faute parut même assez grave pour qu'on décidât d'en porter plainte devant l'assemblée générale, afin que leurs successeurs, bien avertis, se gardassent de contrevenir à l'ordre ancien, sous prétexte d'aucunes conférences particulières.

On passa ensuite à la délibération des articles dont nous présenterons une courte analyse. On demandait au Roi d'assurer la liberté du commerce sur mer ; — de favoriser la manufacture des cartes qui était alors l'une des plus importantes du pays ; — on s'éleva contre l'aliénation projetée des quatre forêts du bailliage ; — contre la nouvelle fabrique de liards qui n'étaient ni or ni argent. — Sous prétexte de rembourser les propriétaires des droits de péage le long de la Seine, on avait établi un droit de 45 sous par muid de vin voituré par cette rivière : les droits de péage continuaient, et, de plus, il fallait payer les 45 sous ; on réclamait donc ou le remboursement des péages ou la suppression de l'imposition. — Le pont de Rouen n'avait pas encore été rétabli, bien qu'on eût vu se présenter, pour se faire adjuger ce travail, dès les premières années du règne de Louis XIII, des ingénieurs de Hollande, d'Italie, de France, notamment Salomon de Caus, qui, dans cette circonstance, fit valoir son titre d'*originaire du pays de Rouen* ; pour procurer à la ville le moyen de le reconstruire on lui avait attribué, il y avait long temps déjà, une imposition de 30 livres à percevoir annuellement sur les généralités de Rouen et de Caen et un octroi de 20 sous par muid de vin entrant à Rouen. Mais cette imposition avait été supprimée ; l'octroi de 20 sous avait été réuni aux fermes du Roi, et l'on s'était contenté d'accorder à la ville 4,000 livres à prendre sur les ponts et chaussées, secours insuffisant et qui bientôt avait été retiré. Rouen réclamait la restitution de son octroi et de plus la jouissance de 24 livres par muid de sel qui précédemment lui avaient été accordées pour l'ouvrage des fortifications et pour l'entretien des fontaines. — Rouen réclamait encore la franchise de ses foires, les privilèges dont les rois l'avaient dotée, en considération de ses services. Pendant très long-temps ses bourgeois avaient joui du privilége le plus sérieux de la noblesse, celui d'être exempts de la taille pour toutes les terres qu'ils faisaient valoir par leurs mains, en quelque lieu de la province qu'elles fussent situées. Maintenant on prétendait les assu-jettir au paiement du quart du revenu de ces terres, et on leur annonçait qu'au bout de trois ans ils seraient employés aux rôles des subsistances et des étapes comme les naturels taillables et gens du plat pays.

L'article relatif au commerce vaut la peine d'être rapporté *in extenso* :

« Entre tous les moyens qui peuvent contribuer au bonheur d'un royaume, celuy des manufactures ayant esté jugé un des plus importants, les plus grands politiques ont toujours recherché avec soin tout ce qui pouvoit servir à leur establissement et conservation. Ceste province, qui donnoit de l'employ à un très-grand nombre de ses habitans dans l'ap-pareil des drapperies et faisoit subsister presque toute sa campagne par la fabrique des toilles, auroit participé à cette félicité, si les estrangers et l'excès des subsides ne l'avoient arrestée. Le Roy, ayant recognu le préjudice que recevoient ses pauvres subjets de l'apport des draperies de Hollande et d'Angleterre, avoit eu la bonté d'en deffendre l'entrée suivant les concordats faits entre ceste couronne et l'estat d'Angleterre. Mais depuis un an, en vertu d'un arrest surpris, les Anglois et les Hollandois ont recommencé leurs premières licences et remplissent ce royaume de leurs drapperies toutes teintes et apprestées, et le droit qui se prend à présent pour la sortie des toilles ayant esté augmenté de plus de moitié, et de 12 livres que payoit un ballot de 225 livres pesant estant monté jusques à 36 livres, cette surcharge en a diverty le commerce et donné occasion aux estrangers et entr'autres aux habitans de la province de Silésie en Allemagne d'entreprendre ceste manufacture. Les Anglois pour la transmettre chez eux tirent des familles entières d'ouvriers, et les Hollandois, dans ce mesme dessein, enlèvent tous les fils de lin qu'ils peuvent trouver. Sa Majesté sera très-humblement suppliée de vouloir réitérer ses deffenses sur l'apport des draperies estrangères, faire réduire le droit de sortie pour les toilles et deffendre l'enlèvement du fil sous peine de confiscation, et ainsi, en rétablissant les manufactures de son royaume, conserver la vie à quantité de ses pauvres subjects qui n'ont d'autre travail et subsistance que dans l'appareil et fabrique desdits ouvrages. »

Ces articles furent adoptés par l'assemblée des États et passèrent dans le cahier général dont nous n'aurons plus qu'à citer quelques extraits, en les faisant suivre des réponses du Roi :

ART. 1. — « Votre province de Normandie se jette aux pieds de Votre Majesté pour la conjurer d'abaisser ses yeux sur ses misères et de la secourir dans les necessités pressantes du soulagement que lui fait espérer la liberté de son assemblée interrompue depuis onze ans, et vous supplie que, suivant la charte normande, elle en jouisse annuellement comme elle faisoit autrefois. »

« Au Roy et en sont les Commissaires d'avis. »

« Le Roy fera expédier ses lettres de convocation pour l'assemblée des dits États, quand Sa Majesté le jugera à propos, sur les avis qui en seront donnés par le gouverneur de la province. »

ART. 2. — « Le sujet de nos assemblées est la communication des volontés de V. M. sur les levées qu'elle demande pour l'année suivante, ce qui montre que toute autre imposition que celle qui est envoiée par la commission de la tenue de nos États est illégitime, la dite commission portant toujours une clause de style ordinaire : Défenses aux trésoriers de France, Élus et tous autres, à peine de la vie, d'imposer autre ni plus grande somme que celle qui y est emploiée.

« Pour quoi vous demandons qu'aucune levée ne puisse estre faite après la commission des États sinon pour urgente necessité, auquel cas leur procureur syndic en aura communication, pour, après en avoir conféré aux deputés du port du cahier de l'année précédente, y venir dire ce que de raison, suivant notre charte normande et les réponses du feu Roy Henry III à nos demandes de 1579, 1581 et 1582. »

« Au Roy et en sont les Commissaires d'avis. »

« Ne sera faite aucune imposition pour les affaires des particuliers sans communication au syndic, et s'il arrive des affaires pressées pour le Roy, elles seront exécutées sans communication. »

Art. 3. — « D'autant que les réponses qu'il plait à V. M. nous donner ne sont point registrées dans les compagnies souveraines, qui ne defèrent qu'à votre sceau, encore que ce soient ordonnances concertées en votre Conseil, nous demandons qu'il vous plaise ordonner que, sur les dites responses, nous scient données des lettres patentes, adressées aux compagnies souveraines, afin qu'elles y soient enregistrées et exécutées selon leur teneur. »

« Seront délivrées toutes expéditions nécessaires conformément aux réponses faites au présent cahier. »

Dernier article. — « Il y a si grande diversité en l'élection des députés des trois ordres que, cela causant beaucoup de contestation, nous sommes obligés, pour y remédier à l'avenir, de demander à V. M. qu'il luy plaise nous donner un réglement certain qui soit commun à tous les bailliages de ceste province. »

« Lorsque S. M. envoiera ses lettres de convocation pour la tenue des Estats, il sera mandé aux baillis d'envoier leur certification de l'usage de l'assemblée des dits Estats pour en estre delibéré en la présence des commissaires de S. M., et en cas de difficulté, il en sera fait remonstrance à S. M. pour y estre par elle pourveu ainsi qu'il appartiendra. »

On peut juger par ces réponses du Roi aux deux premiers articles qu'il n'entendait laisser à ces assemblées qu'une autorité précaire et purement nomi-

nale, puisqu'il ne voulait promettre ni de les convoquer régulièrement, ni de soumettre à leur vote les
impositions, objet primitif de leur réunion. Dans
cette session dont nous venons de rappeler les actes,
n'était-il pas dérisoire de communiquer aux députés,
en février 1655, la commission des tailles qui avait
été rendue exécutoire dès la fin de l'année précédente
et de maintenir, pourtant, dans cette commission des
formules qui, en affirmant la prérogative des États,
étaient en contradiction évidente avec le pouvoir que
le Roi s'attribuait ?

Aussi comprenons-nous peu la satisfaction qu'éprou-
vèrent les échevins de Rouen, du résultat de cette
convention. Ils avaient, il est vrai, été maintenus dans
le privilége d'avoir deux voix, l'une avec les députés
du bailliage, l'autre pour la ville, conformément aux
arrêts du Conseil d'État des 12 octobre 1588 et 8 novembre 1614 ; — on avait infligé un blâme aux députés
du tiers état des quatre vicomtés pour s'être dispensés de représenter leurs cahiers à l'assemblée
municipale le jour de l'ouverture ; — on avait même
fait à l'un des échevins l'honneur, honneur fort recherché, de le désigner pour porter le cahier au Roi
avec les députés du clergé et de la noblesse. Mais
tout cela ne valait guère les félicitations et les remer-
cîments que le conseil municipal adressa à ses délégués. Ces beaux réglements, ces belles ordonnances,
comme il les appelait, qui consacraient de nouveau
ses priviléges, prérogatives et prééminences, déposés soigneusement dans les archives, devaient être
lettre morte, et personne n'en devait plus entendre
parler.

Il y eut pourtant un article auquel le gouvernement prèta une sérieuse attention, parce qu'on y signalait un moyen de se procurer de l'argent, et que tout expédient était bon pour les traitants. Cet article était dirigé contre les anoblis :

« Quand la noblesse indique ses franchises, elle n'entend parler que pour la véritable, pour cette généreuse naissance qui n'est pas plutôt animée du sang que de la vertu de ses ancetres ;... mais non de ces ménagers qui, par leur trafic ou mesquinerie de leur épargne, ayant amassé quelque argent, se sont persuadés qu'ils pouvoient, au prix de leurs finances, acheter ce beau don de la nature ou de la grâce et que, dessous le masque d'une peau de parchemin... ils passeroient pour autres qu'ils ne sont, non pour servir l'estat, mais en affaiblir les forces par le mélange d'un sang impur et roturier avec le noble et généreux. Et nous sommes surpris qu'au tems que V. M. nous énonce qu'elle est obligée, à son grand regret, de continuer l'excès des levées qui se font en ceste province, par une grande multitude de lettres d'anoblissement elle exempte tous ceux qui en auroient porté la plus grande partie. Cet abus est si grand et la prostitution de ce titre d'honneur fait à si vil prix qu'il s'est vendu à qui en a voulu, sans enqueste d'autre mérite que du moyen d'en payer la finance qui vous en est due, au dessous de celle d'une lettre de bulle de quelque métier. Ce qui fait demander à la vraie noblesse la révocation de tous ces anoblissements acheptés par argent depuis 1610, et s'il y en a quelques-uns qui prétendent les avoir acquis par services rendus à l'Estat, qu'il plaise à V. M. ordonner que, dedans les sièges royaux et paroisses où sont à présent leurs domiciles et dedans celles où ils estoient, lors de l'obtention desdictes lettres d'anoblissement, elles seront lues et mises au greffe avec mémoires spécifiques des services prétendus rendus, signés d'eux ou de leurs enfans, s'ils sont décédés, et que durant trois mois, tous gentilshommes de la province et paroissiens dudit domicile pourront coucher opposition à la vérification des dites lettres, laquelle ne pourra estre faite qu'après les dits trois mois et les opposans ouis en leurs oppositions. »

Nous verrons bientôt que les États ne tardèrent pas à regretter d'avoir adopté un pareil article, lorsqu'ils virent qu'on s'en faisait une arme non-seulement contre les anoblis, mais contre toute la noblesse de la province.

Les États de 1655 furent les derniers qui furent convoqués en Normandie et suivant les formes anciennes.

En 1657, il y eut cependant encore une assemblée d'États, et c'est la dernière dont il nous reste à parler. Le document le plus important qui nous en ait été conservé est la Remontrance faite au Roi par l'archevêque de Rouen, au nom de la province. Dom Pommeraye l'a publiée, sous la date de 1658, aux pages 672 et suivantes de son *Histoire des archevesques de Rouen.*

Il est vrai qu'à la page 670 il annonce cette harangue comme ayant été prononcée devant leurs Majestés en 1652, lorsque le second des Harlay fut choisi « pour représenter au Roy et à son Conseil les plaintes des trois états de la Normandie ».

5

Mais il est clair que cette date de 1652 est erronée, d'abord parce qu'on ne trouve aucune mention d'États en 1652, ni dans les registres de l'Hôtel-de-Ville, ni dans ceux du Chapitre; en second lieu parce qu'il est question, dans le cours de cette harangue, du sacre de Louis XIV, qui n'eut lieu, comme on sàit, qu'en 1654. D'ailleurs cette harangue avait été publiée vers le temps où elle fut prononcée, et l'imprimé porte la date de 1658. Je n'insiste sur ce point que parce que la double date donnée par Dom Pommeraye a induit en erreur M. Canel, auteur de savantes recherches sur les États de Normandie.

Il fallait, du reste, que ces États de 1657, eussent laissé un bien faible souvenir parmi les contemporains, puisque, à part cette mention qui s'en trouve dans Dom Pommeraye, nulle part, à ma connaissance, dans aucun travail historique, on ne parle des États de 1657.

Farin qui, dans son *Histoire de Rouen*, publiée en 1668, a donné la liste des députés aux États de Normandie pour le bailliage de Rouen, s'arrête à l'année 1655.

On trouve une mention précise et, pour ainsi dire, officielle de ces États de 1657, dans des lettres-patentes du Roi en forme de déclaration, du 8 octobre 1658, par lesquelles Sa Majesté déclare « que, nonobstant la demande à elle faite par le 42ᵉ article du cahier des États de la province du 29 décembre dernier et la réponse faite par elle à icelui, son intention n'a esté et n'est de révoquer que les anoblis depuis son avènement à la couronne, se réservant toutefois de confirmer ceux à qui elle avoit accordé

cette grâce en considération de longs et notables services rendus au pays (1). »

Le fait de la réunion des États de Normandie vers
la fin de l'année 1657 est donc incontestable. Mais
comment se fit cette réunion et que furent ces États ?
Il faut conclure des premières lignes de la harangue
de François de Harlay (2) que l'assemblée se tint,
en présence du Roi, à Paris même, et que cette fois,
tout-à-fait par exception, Louis XIV se contenta de
mander près de sa personne les députés qui avaient
assisté à la dernière réunion des États.

Comme, dans cette circonstance, il n'y eut pas
d'élections nouvelles, mais une invitation adressée,
directement de la part du Roi, aux députés de 1655,
on s'explique le silence gardé sur cette assemblée
par les registres de l'Hôtel-de-Ville de Rouen, silence
qui, à première vue, paraît inexplicable.

Ceux du chapitre de la cathédrale ne contiennent
que cette courte indication qui suffit, du reste, pour
confirmer ce que nous venons d'énoncer.

« 30 novembre 1657. M. l'archidiacre Paris est dis-
pensé pendant qu'il sera obligé de rester à Paris,

---

(1) Autre indication non moins précise dans le livre intitulé :
*Ordannances, Edits et Déclarations concernant l'Autorité de la
Cour des Aydes de Normandie*, Rouen, 1682, p. 2 : « La création
d'une eslection à Pontoise a été révoquée ; il en est fait mention
en la réponse sur l'art. XI du cahier des Estats de l'an 1657. »

(2) « Sire, vostre province de Normandie n'a pas si tost appris
l'ordre qu'ont receu les deputez de se rendre sans délay près de
la personne de vostre Majesté qu'elle a regardé ce précieux
moment comme celuy du recouvrement de sa liberté et de son
bonheur. »

pour la résultance des États de la province tenus, il y a trois ans, dont il estoit l'un des députés. »

D'autres délibérations capitulaires font voir que, dans cette assemblée, les privilèges de l'église furent, de nouveau, mis en question, et que le chapitre se crut particulièrement obligé de quelques uns des résultats obtenus, à l'archevêque, au grand archidiacre, syndic du clergé de la province, et au gouverneur le duc de Longueville. (1)

Le cahier des remontrances auquel il est fait allusion dans les lettres-patentes précitées ne m'est pas connu. Je suis porté à croire qu'il n'a pas été imprimé, bien que certainement le Roi y ait fait réponse. Mais on peut, jusqu'à un certain point, suppléer à la perte de ce document par la harangue de l'archevêque prononcée, sans aucun doute, au moment de la présentation du cahier, c'est-à-dire dans les premiers mois de 1658. Le tableau qui y est tracé de la Normandie n'est pas moins lugubre que dans la plupart des cahiers que j'ai eu l'occasion de parcourir.

Le prélat compare notre province à cette femme du lévite qui fut violée par les enfants de Bélial et dont le cadavre, partagé en douze morceaux, fut envoyé aux douze tribus d'Israël. « Voilà, Sire, s'écria-t-il, la véritable image et le portrait au naturel du misé-

---

(1) « 13 décembre, M. le Trésorier a esté prié d'escrire, de la part de la compagnie, à M. l'archevesque pour le prier d'employer son autorité pour la confirmation des privilèges des ecclésiastiques et particulièrement de ceste église. — 9 janvier 1658. M. le grand archidiacre, syndic du clergé de la province, a esté remercié de tous les soings qu'il a pris. »

rable estat de notre province, et c'est à l'exemple de ce lévite que je lève en votre présence le ton de ma voix plaintive. En effet, n'est-ce pas elle qui a presté son sein, depuis quarante ans, au luxe désordonné d'une infinité de particuliers? Combien de ces gens se sont-ils enrichis de ses dépouilles? De qui n'a-t-elle pas contenté ou l'avarice ou l'ambition? Elle s'est vue violée dans sa religion par l'impiété des hérétiques; violée dans ses immunitez par la perte générale de son clergé et de sa noblesse: mesprisée dans ses magistrats par une infinité d'officiers et de commissions extraordinaires qui ont avili leurs charges; ravagée et pillée impunément dans son tiers estat par la licence effrénée soit des partisans insatiables, soit des soldats affamez. Y auroit-il un seul point de terre dans sa vaste estendue qui n'eust servy de théatre à ses malheurs ou de témoin à ses larmes? Ouy, Sire, ce puissant corps est porté par terre. Ce n'est plus qu'un cadavre. Je dis trop peu. Ce cadavre a esté dechiré en morceaux. Sire, voyez ce spectacle, voyez ce crime et remédiez aux maux d'un clergé si religieux, d'une noblesse si courageuse, d'un peuple si fidelle. »

Parlant ensuite des misères du tiers état, l'orateur s'excuse de ne savoir ni par où commencer ni par où finir. Il montre au Roi les maisons des particuliers environnées ou remplies de fusiliers qui les traitent avec la dernière inhumanité; toutes les prisons de la Normandie retentissant de la voix de ces misérables et de leurs gémissements; les paysans obligés d'abandonner leurs chaumières et leurs champs à vil prix; plus de 1,200 contribuables dans les cachots, vic-

times de cette clause de la solidarité introduite dans
les commissions des tailles, qui ne sont coupables
que parce qu'ils sont impuissants, qui ne sont cri-
minels que parce qu'ils sont pauvres. On leur reproche d'être ingrats, et ils sont destitués de toute
sorte de moyens. Ce n'est point leur volonté qui les
fait rebelles, c'est la volonté des commissaires, en
leur imposant un poids et un joug insupportables.

Après les États de 1655, où les députés s'étaient
imprudemment élevés contre les anoblis, il ne leur
fallut pas longtemps pour reconnaître que, les nouvelles familles étant confondues avec les anciennes
par le moyen des alliances, la honte que l'on ferait
aux premières rejaillirait inévitablement sur les
secondes et que l'honneur de toute la noblesse se
trouverait atteint. Ils eussent voulu effacer cette im-
prudente dénonciation à laquelle ils s'étaient laissés
entraîner, et ils s'étonnaient de voir que, tous les
autres articles étant tombés dans l'oubli, celui qu'ils
auraient désiré supprimer fût le seul auquel le gouvernement prêtât quelque attention. « On avoit recherché
plus sevèrement que jamais les titres de cette noblesse
où l'avarice feignait des défauts pour satisfaire ses
prétentions; on avait vidé en sa présence les sépulcres
de ses devanciers; elle avoit veu avec indignation
troubler le sommeil de ses morts et cribler pour la
quatrième fois depuis vingt années les cendres de ses
pères. » Au nom des États, l'archevèque prit en main
la défense de cette noblesse persécutée. « Agréez,
dit-il au Roi, que sans aucune de ces distinctions qui
ne vont qu'à des taxes ruineuses à toute la province,
ils se jettent tous ensemble à vos genoux pour obtenir

avec uniformité la conservation de leurs priviléges.
Trouvez bon qu'ils partagent en commun avec leurs
biens le sang et les services de leurs pères avec les
grâces de Vostre Majesté. »

Dom Pommeraye qui écrivait son histoire du vivant de Mgr de Harlay n'a pas manqué de vanter la
force de cette harangue. Il est aisé de voir, cependant,
qu'elle n'est pas à l'abri du reproche que l'on peut
adresser à la plupart des œuvres oratoires de ce
temps : en visant à l'énergie elle aboutit à l'exagération et à l'enflure.

Ce qui, pour nous, doit en faire le principal mérite
c'est que ce furent pour ainsi parler, les dernières
paroles de la liberté provinciale, et assurément ce
n'est pas un médiocre honneur pour l'église de Rouen
que ce soit un de ses archevêques qui les ait prononcées.

Louis XIV ne convoqua plus les États de Normandie. Non seulement il ne les convoqua plus, il
les abolit, mais d'une manière indirecte. Deux arrêts
du Conseil d'État rendus sur les propositions de Colbert, le 6 décembre 1666, confirmés par lettres-
patentes du 19 février 1667, abolirent les charges de
procureur syndic et de trésorier des États, et
dès lors la suppression fut accomplie. Le parlement garda le silence; n'était-il pas le médiateur
naturel entre le prince et ses sujets? La Chambre des
comptes, au moment de l'enregistrement, exprima
timidement un regret. Le clergé avait ses assemblées;
il lui suffisait d'en maintenir l'usage pour assurer la
défense de ses intérêts particuliers. La noblesse n'at-
tachait qu'une très faible valeur à des titres conférés

par l'élection et indépendants de la dignité des fiefs. Quant au tiers état, il pouvait, non sans quelque raison, se demander quel profit il avait tiré de tant de réunions et de remontrances.

Ainsi, au milieu de l'indifférence de tous ou peu s'en fallait, fut consommée la ruine d'une institution libérale qui remontait au moyen-âge et qu'on ne devait remplacer qu'en 1788.

En somme, ne pourrait-on pas dire, pour la justification de Louis XIV et de Colbert, que la Normandie méritait de perdre ses États puisqu'elle y tenait si peu ?

Notes sur les États de Normandie de 1643, tirées des Mémoires du Président Bigot de Monville Bibliothèque de Rouen. Y. 63 B (1).

Les Estats de Normandie, n'estant plus qu'une ombre de l'ancienne liberté, n'avoient point esté tenus depuis plusieurs années, n'estans plus nécessaires au Roy qui est en possession de faire toute sorte de levées de deniers sans le consentement des dits Estats. Quand le comte de Guiche, à présent mareschal de Gramont, fut pourveu de la charge de lieutenant de Roy en la haute Normandie, il désira, pour son installation, de les tenir, ce qui fut en janvier

----

(1) Ce récit m'avait été signalé par mon ami M. le vicomte Robert d'Estaintot qui prépare, pour la Société de l'Histoire de Normandie, une édition des Mémoires de Bigot de Monville.

1638 ; et depuis, cette assemblée avoit esté intermise ; mais M. de Longueville désira les tenir en cette année et en fît sceller les commissions dès le mois d'octobre et termer la convocation à la fin de novembre, ne désirant venir en la province qu'aprez que le restablissement du Parlement en son ancienne forme lui auroit concilié les affections du peuple.

Les changements arrivez depuis l'an 1638 donnèrent lieu à changement du nombre des commissaires. Car outre M. de Saint-Jouin, maître des Requestes, on employa pour commissaires MM. Le Roy, sieur de la Potterie, et Dyel, sieur de Miromesnil, conseillers d'Estat, et Favier, sieur du Boullay, maître des Requestes, ces trois derniers en qualité d'Intendants de justice des trois généralités de Normandie, et ce nonobstant les remonstrances que nous en avions faittes, ainsy qu'il est dit cy-dessus. On y adjousta aussi les trois présidents du Parlement de la création du semestre. D'ailleurs, M. de Plainbosc, premier président de la Chambre des comptes qui, selon l'ordinaire, fut employé comme commissaire, se trouva absent, et M. des Hameaux, premier président de la Cour des aides estant à Venise comme ambassadeur, fut commis le sieur de Boisolivier Colardin, comme plus ancien président de la Cour des aides. Le surplus des commissaires estoient en mesme nombre de l'Assemblée de l'an 1638.

Au jour destiné pour faire l'ouverture des Estats, nous nous rendismes, ainsi qu'il est usité, en la maison abbatiale de Saint-Ouen où estoit logé M. de Longueville, où d'abord les maîtres des Requestes et conseillers d'Estat, prenant occasion de leur nombre

et de celui des présidents du Parlement, demandèrent
que MM. les présidents du Parlement prissent tous
séance d'un costé et leur quitassent l'autre costé, au
lieu qu'il estoit ordinaire que le lieutenant général
de S. M. en la haute Normandie estant à la droite du
gouverneur et le P. P. du Parlement à la gauche, les
autres présidents ensuite, selon l'ordre de leur réception occupoient les premières places de l'un et de
l'autre costé. Ils offroient mesmes en cas que..... le
lieutenant de Roy fût absent, de céder aux présidents
du Parlement tel costé qu'ils voudroient choisir, et
disoient qu'ils eussent peu demander la mesme séance
que le Roy avoit fait observer en sa présence au conseil tenu pour le jugement des ducs de la Valette et
de Vendosme, où les conseillers d'Estat occupoient
les premières places.

Mais les présidents du Parlement soutinrent qu'il
n'y avoit aucun subject d'innovation, qu'il ne s'agis-
sait pas de tenir le Conseil du Roy où les conseillers
d'Estat sont en leur fonction ordinaire et où les présidens du Parlement, estans appelez extraordinai-
rement, n'ont autre place que celle qu'il plaist au Roy
leur assigner, qui en sa présence règle ses subjectz
comme bon luy semble, mais d'une assemblée réglée
et ordinaire où il ne faloit rien innover, leur estant
assez avantageux que des Intendans de province
fussent introduits où jamais ils n'avoient assisté.

Ainsy les conseillers d'Estat et maîtres des Requestes se réduisirent à dire qu'ils ne debvoient
céder la préséance qu'aux présidents de l'ancienne
érection et non à ceux de la création du semestre qui
n'avoient été encor admis aux Estats et augmentoient

nouvellement le nombre des commissaires, à quoy les anciens présidents respondirent que c'estoit à ceux de la création du semestre à démesler cette difficulté à laquelle ils ne prenoient point d'intérest.

Et déjà les nouveaux présidents, après que cette contestation eût duré quelque temps, se résolvoient à se mettre tous du côté droit et céder la gauche aux commissaires et maîtres des Requestes, lesquels craignirent que l'on ne trouvast mauvais au Conseil qu'ils eussent ainsi déprimé les nouveaux officiers, les distinguant d'avec les anciens, et ainsi ils déclarèrent qu'ils le cédoient à tous les présidents du Parlement et qu'ils se contentoient d'employer leur protestation au registre, et les présidents y employèrent leur protestation contraire.

M. de Plainbosc, premier président de la Chambre des comptes fut employé au nombre des commissaires, quoy qu'il ne fût pas à Rouen; mais au lieu de M. Des Hameaux, premier président de la Cour des aides, qui estoit destiné ambassadeur à Venise, on y employa M. de Boisolivier, lequel, en ordre de réception, précédoit les autres présidens de ladite Cour des aides. Ou fit quelque difficulté de l'admettre au nombre des commissaires tant à cause que sa charge estoit odieuse, estant l'une de celles de la Cour des aides de Caen que parce qu'il estoit accusé de fabrication de fausse monnoye, dont on disoit qu'il n'estoit pas... justifié. Il en fut parlé pour lors à Saint-Ouen; mais M. de Longueville, à la recommandation de M. de Miromesnil, amy dudit sieur de Boisolivier, fit cesser ce discours, et ledit sieur de Boisolivier se contenta de prendre séance au dessoubs des maîtres des Requestes et conseillers d'Estat qui, aux Estats précédents, avoient eu leurs séances au dessoubs des premiers présidents de la Cour des comptes et Cour des aides et s'estoient contentez de faire leur protestation.

Les séances des commissaires des Estats estans ainsi réglées, l'ouverture en fut faite par les harangues de M. de Longueville et de M. le P. P., qui parlèrent chacun selon leur style ordinaire, et ensuite le sieur Dufour, curé de Saint-Maclou de Rouen, député du clergé dudit bailliage, par un discours fort éloquent, remercia M. de Longueville, au nom de toute la province, des soings qu'il avoit pris de faire rendre au Parlement son ancienne forme et compara ceux qui en avoient désiré la division à cette femme que Salomon avoit jugé n'être pas la vraye mère, parce qu'elle avoit dit *Dividatur*.

Cette harangue estoit conforme à ses sentimens, et au contraire le sieur Baudry, procureur des Estats, employa en son cahier la demande de la révocation des édits qui avoient esté vérifiez pour rembourser le party du semestre. Tardif et ses associez s'en plaignirent à l'instant à M. de Longueville et demandèrent que cet article fût osté du cahier, comme tendant à empêcher l'establissement de ce qui leur avoit esté accordé pour cause favorable et agréable à la province. Mais ledit sieur Baudry dict qu'il avoit dressé son cahier par ordre des députés des divers Estats de la province et qu'il estoit au pouvoir de MM. les commissaires, en l'examinant, de dire sur chaque article ce que bon leur sembleroit. Mais le désir qu'il avoit toujours faict paroître de butter les

intérests du Parlement et les habitudes qu'il avoit
très estroictes avec ceux qui ⸺roient fomenté le semestre firent croire qu'il estoit premier et principal
autheur de cet article.

MM. les commissaires sur cet article mirent seulement : *Au Roy*, et sur tous les autres concernant le
soulagement de la province, ils mirent : *Au Roy et en
sont les commissaires d'advis*. Mesmes sur celui de la
commission des Palus et marais et sur quelques articles ils firent, par provision, deffense d'exécuter
lesdictes commissions, et quoy qu'ils ne pussent
rien faire depuis pour ledit Tardif, si est-ce qu'il ne
laissa pas, en l'année suivante, de leur imputer faus-
sement que le procureur des Estats n'avoit agy en cela
que par leur induction, ainsy qu'il sera remarqué cy-
après.

Aux festins qui se firent aux jours de l'ouverture et
closture des Estats, les anciens présidents ne purent
empescher les nouveaux d'y assister ; mais ceux-cy
y furent traitez de telle sorte qu'ils n'en tirèrent
aucun avantage.

---

*Nomination par les États de Normandie d'une
commission pour porter au Roi le cahier de
l'assemblée* (1).

Du samedi avant midi, 28 novembre 1643, à
Rouen, en l'assemblée des Estats.

Furent présents Mre Louis de Roncherolles,

(1) Archives du Tabellionage de Rouen ; registre de l'année
1643, *Meubles*. Je dois la communication de ce registre à l'obli-
geance de mon ami M. Édouard Gosselin.

presbtre, haut-doien de l'église collégialle Notre-Dame d'Escouis, président de l'assemblée, délégué pour les gens d'église du bailliage de Gisors; — noble et discrète personne M° Ch. Dufour, protonotaire apostolique, curé de l'église Saint-Maclou de Rouen et prieur de Beaussault, délégué pour les gens de l'église du bailliage de Rouen, M. Jean du Fay, chevalier, comte de Maulévrier, bailli de Rouen, délégué pour les gens nobles dudit bailliage de Rouen, nobles hommes François de Brèvedent, sieur de Sahurs, et Thomas Auber, sieur d'Heudébouville, premier et second conseillers eschevins de ceste ville de Rouen, déléguez pour la dicte ville, Jean Julliau, de la parroisse de Quièvreville-la-Millon, délégué pour le tiers estat de la viconté de Rouen, Jean Mausçavoir, délégué pour le tiers estat de la viconté du Pont-de-l'Arche, Jean Forey, délégué pour le tiers estat de la viconté du Pont-l'Evesque; —M° Jean Martin, presbtre, curé de la parroisse de Compainville, délégué pour les gens d'église du bailliage de Caux, Antoine Verdier, délégué pour le tiers estat de la viconté d'Arques, Estienne Senglier, délégué pour le tiers estat de la viconté de Neufchatel; — M° Robert Deslandes presbtre, curé de la parroisse Saint-Victor, délégué pour les gens d'église du bailliage de Caen, Michel de Bauville, chevalier, sieur et patron de Pierrecourt, délégué pour les gens nobles dudit bailliage, Pierre du Hellandel, délégué pour le tiers estat de la viconté de Baieux, Enguerrant Delange, délégué pour le tiers estat de la viconté de Fallaize, Richard Maze, délégué pour le tiers estat de la viconté de Vire; — M° Thomas de Franquetot, chevalier, seigneur et patron de Carquebu, délégué pour les gens nobles du bailliage de Costentin, Charles Foubert, délégué pour le tiers estat de la viconté de Coutances, Pierre Ravend, délégué pour le tiers estat de la viconté de Saint-Lo, Jean Touchard, délégué pour le tiers estat de la viconté de Carenten, Pierre Le Rossignol, délégué pour le tiers estat de la viconté de Valongnes, Jean Gaudin, délégué pour le tiers estat de la viconté d'Avranches, Jean Baujard, délégué pour le tiers estat de la viconté de Mortaing; — discrète personne M⁹ Pierre Le Franc, presbtre, curé de la paroisse de Vielles, délégué pour les gens d'église du bailliage d'Evreux, Jacques de Beauce. délégué pour le tiers estat de la viconté d'Evreux, Jean Goubert, délégué pour le tiers estat de la viconté de Beaumont le Roger, Jacques Benard, délégué pour le tiers estat de la viconté d'Orbec; — Louis Le Pelletyer, escuier, sieur de Longuemare, délégué pour les gens nobles du bailliage de Gisors, Jullien Le Cousturier, délégué pour le tiers estat de la viconté et chastellenie de Gisors, Simon Le Tellier, délégué pour le tiers estat de la viconté de Vernon, M⁹ Sébastien Gruel, délégué pour le tiers estat de la viconté et chastellenie de Pontoise, Pierre Audou, député pour le tiers estat de la viconté de Chaumont et accroissement de Maigny, François Duval, délégué pour le tiers estat de la viconté d'Andely, Guillaume Coullas, délégué pour le tiers estat de la viconté de Lyons; — M⁹ Pierre Duval, presbtre, curé des Loges et doien d'Allençon, délégué pour les gens d'église du bailliage d'Allençon, Nicolas Cheradame, délégué pour le tiers estat de la vicomté d'Argentan et Yesmes, François Le Chevalier, délégué pour le tiers estat de la viconté de Damfront et Guillaume Le Cousturier, délégué pour le tiers estat de la viconté de Verneuil.

Lesquelz, ès dites qualités, suivant le pouvoir des procurations par chacun d'eux respectivement portées, de leur bon gré, ont député et nommé leurs procureurs généraux et spéciaux, les dits sieurs de Roncherolles et Dufour, pour les gens d'église; les seigneurs comte de Maulévrier et de Franquetot, pour les gens nobles; et les dits Mausçavoir et Guillaume Duval, pour les gens du tiers estat; et Mᵉ Jacques Baudry, escuier, advocat en la Court, procureur général des Estats de Normandie;

Ont donné pouvoir de poursuivre vers la Majesté du Roy et nos seigneurs de son Conseil la responce et expédition des articles du cahier arresté et signé desdits députez sans aucune chose augmenter ny diminuer.

Suivent les signatures, d'après lesquelles nous avons rectifié les noms d'homme transcrits par le notaire dans la présente procuration.

Extrait du *Précis* des Travaux de l'Académie des Sciences, Belles-Lettres et Arts de Rouen, année 1873-74.

ROUEN. — IMP. H. BOISSEL.